縄文文化　北辺の土偶

土偶分布圏の最北端に位置する北海道では縄文時代中期〜晩期の時期に土偶がみられる。土偶の形態や特徴は東北地方の強い影響を受けてはいるが、墓との関連性が強い点や完形品が多い点など、他の地域とは異なった特徴が見出せる。後期末〜晩期初頭の土偶はとくにその傾向が強く、1個体の土偶がバラバラの状態で墓域から出土する（初田牛20遺跡例）ほか、土壙墓の副葬品として発見される場合（千歳市美々4遺跡例）もある。

構　成／長沼　孝

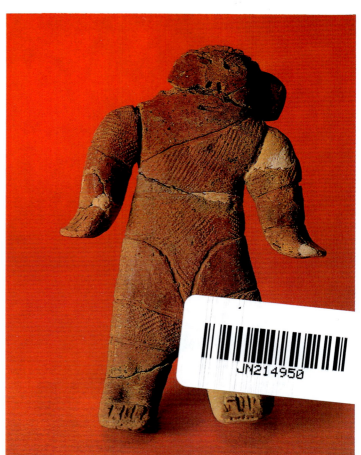

根室市初田牛20遺跡（後期末〜晩期初頭）
高18.2cm　根室市教育委員会提供

南茅部町著保内野遺跡（後期中葉）
高41.5cm　南茅部町教育委員会提供

千歳市美々4遺跡
（後期末〜晩期初頭）高20.0cm
北海道埋蔵文化財センター提供

埼玉県川里村赤城遺跡（晩期前半）
右高31.7cm，左高20.0cm　埼玉県埋蔵文化財事業団提供

みみずく土偶の中空品と中実品

みみずく土偶は，縄文時代の後期後半に関東地方を中心に作られるようになり，晩期前半まで受けつがれる。みみずく土偶の名称は，顔面表現が〝みみずく〟に似ていることから付けられたものである。最近までみみずく土偶には中実品しかないと考えられていたが，赤城遺跡例のように晩期前半の時期に中空のみみずく土偶が存在することがわかった。現在，埼玉県下でのみ発見されているが，今後の資料の増加が待たれる。

構　成／浜野美代子

埼玉県鴻巣市滝馬室（後期後半）
高18.2cm　東京国立博物館蔵

遮光器土偶の本場と辺境

東北地方晩期の亀ヶ岡式文化には，いわゆる遮光器土偶が発達する。この時期，関東地方以西に展開した安行式文化などには，在地的な独自の土器に伴って，そこに少量の亀ヶ岡式土器が伴うことは古くから知られていた。遮光器土偶も，この文化波及の勢いに乗って伝わるが，土器がしばしば亀ヶ岡式そのものの搬入であるのに比べ，土偶はその表現自体が在地化されたものが作られ，本場の遮光器土偶自体が持ち込まれることはなかった。

構　成／原田昌幸

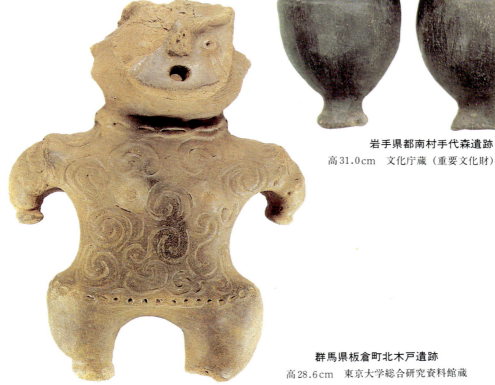

岩手県都南村手代森遺跡
高31.0cm　文化庁蔵（重要文化財）

群馬県板倉町北木戸遺跡
高28.6cm　東京大学総合研究資料館蔵

岩手県盛岡市萪内遺跡（後期後葉）
高22.3cm　文化庁蔵

同一型式の大形品と小形品

秋田県八木出土の土偶は、左目・耳、口、頭蓋・後頭部を欠く。両者は、隆帯で表現された眉および額に相当する凹帯、細く切れ長な目、「狭鼻型」と呼ばれる高い鼻が酷似しているが、顔面文様・下顎装飾の有無、耳の形態に相異点がある。岩手県萪内例は「仮面装着」の状態であると考えられるが、八木の場合、これが判然としない。八木は萪内を約60％縮小したサイズである。

構成／高橋　学

秋田県増田町八木遺跡（後期後葉）
高7.2cm，推定幅10.8cm　秋田県埋蔵文化財センター提供

季刊 考古学 第30号

特集 縄文土偶の世界

◉口絵(カラー) 縄文文化北辺の土偶
みみずく土偶の中空品と中実品
遮光器土偶の本場と辺境
同一型式の大形品と小形品
(モノクロ) 首なし土偶
早期〜晩期の土偶
頭だけの土偶

縄文世界の土偶————————————小林達雄 (14)

土偶研究史————————————奥山和久 (17)

土偶出現の時期と形態————————浜野美代子 (21)

地域的なあり方

十字形土偶——三宅徹也 (24)　　出尻土偶———小林康男 (26)

ハート形土偶–上野修一 (28)　　筒形土偶———鈴木保彦 (30)

山形土偶———瓦吹 堅 (32)　　みみずく土偶–山崎和巳 (34)

遮光器土偶——鈴木克彦 (36)　　うずくまる土偶–芳賀英一 (38)

有髯土偶———設楽博己 (40)　　x字状土偶——熊谷常正 (42)

北海道の土偶–長沼 孝 (45)　　九州の土偶——富田紘一 (47)

その他の土偶–植木智子 (49)

土偶の出土状態と機能
- 土偶の象徴機能 ―――――― 磯前順一 *(51)*
- 土偶の大きさ ―――――――― 植木 弘 *(56)*
- 遺跡の中の土偶 ――――――― 山本典幸 *(60)*
- 土偶のこわれ方 ――――――― 谷口康浩 *(63)*
- 土偶大量保有の遺跡 ―――― 小野正文 *(68)*

土偶とその周辺
- 土偶と岩偶 ――――――――― 稲野裕介 *(72)*
- 土偶と岩版・土版 ――――――― 稲野彰子 *(75)*
- 動物形土偶 ――――――――― 米田耕之助 *(78)*
- 三角形土偶 ――――――――― 田辺早苗 *(81)*

最近の発掘から
- 官営の瓦工房跡 ― 京都府上人ヶ平遺跡 ――――― 杉原和雄 *(87)*

連載講座 縄紋時代史
- 4. 縄紋文化の形成(1) ―――――――― 林 謙作 *(89)*

書評 ――――― *(95)*
論文展望 ――――― *(97)*
報告書・会誌新刊一覧 ――― *(99)*
考古学界ニュース ――――― *(102)*

表紙デザイン・カット／サンクリエイト

首なし土偶

土偶は完全な形で出土することはまれである。首から上が欠き取られたのみで、四肢が残されたものは、縄文時代前期以降、各地に散見されるが、これらは頭だけを欠き取る行為そのものに、縄文人の思惑があったのである。

構 成／原田昌幸

早期〜晩期の土偶

土偶は早期前半関東地方東部に発生し，やや遅れて近畿地方にも現われた。しかし前期末までは顔面表現を欠く小形の板状土偶のみである。中期初頭になると初めて顔面表現のある土偶が出現し，中期中葉には立体的表現を取り自立できる土偶が登場，顔に表情が与えられるようになる。後期にはこの系統を引いた山形土偶以外に，筒形土偶も出現するが，主流は立像形のハート形土偶，みみずく形土偶であり，さらに晩期には遮光器土偶などの型式が東日本に展開した。なお後期九州熊本地方を中心に土偶が集中的に作られることもあったが，短期間で再び廃れた。　　　　　　　構　成／原田昌幸

早期

千葉県木の根遺跡
高3.0cm

千葉県木の根遺跡
高2.8cm

千葉県中鹿子第2遺跡
高3.0cm

前期

岩手県塩ヶ森遺跡
高10.0cm

埼玉県井沼方遺跡
高5.0cm

山梨県釈迦堂遺跡
高5.3cm

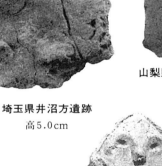

山梨県釈迦堂遺跡
高7.2cm

中期

青森県石神遺跡
高10.9cm

長野県刈谷原遺跡
高26.7cm

長野県棚畑遺跡
高27.0cm

後期

茨城県椎塚貝塚
高12.2cm

神奈川県東正院遺跡
高19.0cm

栃木県後藤遺跡
高12.8cm

写真提供・所蔵者名／千葉県文化財センター，千葉市埋蔵文化財調査センター，浦和市教育委員会，釈迦堂遺跡博物館，岩手県埋蔵文化財センター，森田村教育委員会，中川村歴史民俗資料館，茅野市教育委員会，大阪市立博物館，神奈川県立埋蔵文化財センター，栃木県立博物館，橿原考古学研究所附属博物館，故上野辰男，東京国立博物館，北進考古学研究所，慶応義塾大学考古学民族学研究室
宮崎県総合博物館（「首なし土偶」中央右端）

奈良県橿原遺跡
高15.9cm

熊本県四方寄遺跡
高9.1cm

晩 期

岩手県豊岡遺跡
高5.7cm

岩手県豊岡遺跡
高7.2cm

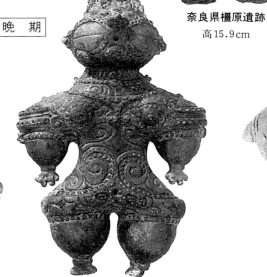

宮城県恵比須田遺跡
高36.0cm

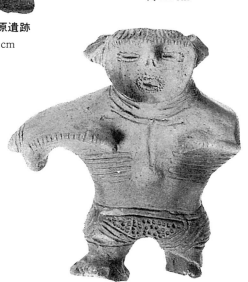

岩手県戸類家遺跡
高17.5cm

頭だけの土偶

首のない土偶に対応して、頭だけが遺存する土偶も多い。この中には、単に欠きとられた頭が廃棄されたと思われる個体以外に、胴体から頭を欠き取った後、その折損面が意図的に研磨されたものも時折出土する。縄文人は土偶に対して、とくに顔面部分には特別な意識を持って接したのであろうか。これは〝土偶祭式〟が、土偶の折損→廃棄という単純な一系的な図式で完結するとは限らないことを示している。

構成／原田昌幸

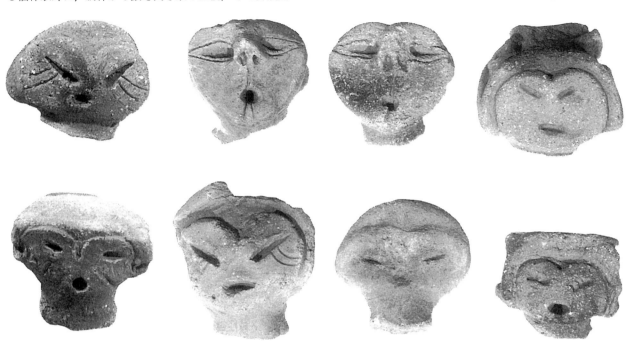

山梨県釈迦堂遺跡（中期）　釈迦堂遺跡博物館蔵

青森県是川中居遺跡（晩期）　八戸市博物館提供

季刊 考古学

特集

縄文土偶の世界

特集 ● 縄文土偶の世界

縄文世界の土偶

國學院大學教授 　小林達雄
（こばやし・たつお）

第二の道具の代表格である土偶は女性でも男性でもなく，性を超越した存在のイメージ，即ち何かの精霊の仮りの姿とみられる

1　第二の道具としての土偶

　縄文時代の道具には，第一の道具と第二の道具の二種があり，これが縄文文化を動かした両輪であった。第一の道具は，狩猟・漁撈・採集にかかわる食料獲得の労働具であり，さらにその食料の調理のための厨房具，そして道具を作る工具など，いわゆる日常的道具である。こうした石鏃や石槍あるいは石皿や磨石とか錐や砥石など，それらの形態から容易に機能・用途の概要を推定しうるという特性がある。つまり，第一の道具とは，縄文文化のみの専属なのではなく，古今東西のほとんどすべての文化にも共通するのであり，現代においても，材質や若干のしかけに変化をみせながらも基本形を踏襲しているのである。人類が各地の各時代でそれぞれに発明し創造し発見して，そうした長い過程を経て人類全体の共有財産として獲得して来た道具なのである。

　その一方で，第二の道具は，それらの形態をいかに念入りに観察しても機能や用途の見当のつけようのないものである。つまり，第二の道具は，その自らの形態の物理的属性が機能用途が要求する形態に合理的に対応しているわけではないのである。石鏃や石槍はその形態から狩猟に役立つであろうこと想像に難くない。けれども北米南西部インディアンの青いトルコ石製の小動物像が飾りものでも玩具でもなく，狩猟に不可欠の道具であることは彼らの口から直接説明されなければ誰が知り得ようか。あるいはワラ人形がうらみに思う人を呪い殺すものであることを，日本の民間伝承の知識がない者には想像できようか。その時代のその文化の部外者にとっては決して意味や機能を知ることができないものなのである。

　第二の道具の形態と機能はその文化の信念とか世界観と恣意的にとり決められたものである。ちょうど，日本語でイヌ，英語で dog と呼ぶのは，それぞれの言葉をつくった地域圏の人々の恣意的な選択にすぎないことと同じである。だからその言語に通じている人以外には，dog がヒトに飼育され，狩りに役立つ四足の動物であることを知ることはできないのである。それだけ第二の道具は，それを保持する文化に特有であり，いわば他の文化と相容れず，断固として区別される個性を象徴するのである。

　つまり，縄文文化における第一の道具は，他の時代や他の地域の文化とも共通する縄文文化の普遍性を表わし，第二の道具は縄文文化の特殊性，個性を表わすのである。

　土偶は，そうした縄文文化における数々の第二の道具の代表格の一つである。他に石棒や石剣や石刀，石冠や御物石器やバナナ形石器，さらに土版岩版，球形土製品，三角壔（とう）土製品その他がある。それらの有無や消長を時期毎あるいは地域毎に見極めてゆくことは，縄文文化の内容の時期的変容，変質あるいは変貌ならびに地域の特性や地域間の関係などを解明する重要なる鍵となるのである。土偶研究の意義もまたこの観点より出発せねばならないであろう。

2　土偶の変遷と機能用途

　縄文土偶の出現は，早期中葉の関東地方であった。撚糸文系土器様式が長いスムーズな変遷を五段階ほど経てのちの，その最終的段階に当っている。そして，この様式には貝殻沈線文系土器様式および押型文系土器様式が関東地方で衝突し，ともに混融していた。いわば動的な局面を迎えていたのであり，そうした時代相の中から土偶が出現してきたのであった。そして，やがて縄文文化を代表する第二の道具として発展してゆくのである。

　関東の土偶の流れは間もなく近畿地方にも及ぶが，しかし他地域には普及しないままにほとんど盛り上りをみせず，やがて前期を経過する。中期になると，ようやく東日本全域に土偶保有の遺跡が増加し，後期そして晩期へと続いた。その間にあっても，西日本には土偶製作の風潮はなかなか浸透していかない。単なる分布の有無にとどまらず，東西縄文文化の内容の差異をそこにみるのである。

　ただ，後期前半の近畿に土偶製作がはじめられ，遠く離れて九州熊本を中心とする地域に到達して，局地的に土偶を大量に保有する遺跡を出現させた。しかし，長続きせず，晩期を目前にして彼地から再び近畿奈良県橿原遺跡辺にまで大きく撤退してしまうのである。

　九州の土偶が東に押し戻されたのは，折しも朝鮮半島から入りこんできた新しい文化の力のせいである。つまり，ここに歴史的大事件の胎動をはっきりとみるのであり，縄文文化の敗退である。この勢いは，近畿に一旦は踏みとどまった土偶とその世界観を突き崩し，払拭した。こうして土偶的世界即ち縄文文化はさらに後退し，今度は東海・中部地方が新たな西からの弥生文化の影響をまともにかぶることとなったのである。その情況下にあって，それまで低調であった土偶作りをやや盛り返し，有髯土偶を発達させたのは，新文化の攻勢に対する抵抗の試みあるいは縄文文化の主体性の揺らぎに対する立て直しの決意の表われとみることができる。しかしながら，この東海の地も充分なる防波堤となり得ず，弥生文化の大波はさらに関東地方にも相当な影響を与えた模様であり，土偶とともに土版などが失われていった。台風が前触れのあとからスピードを早めて近づきつ

つあるかのごとき，緊迫したただならぬ空気をひしひしと感ずるのである。

　縄文文化の奥の院，東北地方北部では弥生時代になってもしばらくは依然として土偶を持ち続けていたが．その数も少なく，あるいは複数保有する遺跡もほとんどなくなり，やがて時の勢いに流され消えていった。

　ところで，縄文土偶は現在までに約1万5千点の存在が知られている。国立歴史民俗博物館に本拠をおく土偶研究グループの見積りであり，その中の約 8,000 点がカード化され，コンピュータに入力されようとしている。その実数ともなると2倍や3倍程度にとどまるものでは決してなく，おそらくは少なくとも 10 倍以上に達するのではなかろうかと考えられる。つまり，早期にはじめてかたちを現わした土偶は,結局のところ15万点そこそこの数が作られ，縄文世界にあって，それなりの役割を果したというわけである。その大部分が，たとえば東日本の中期以降後期から晩期にいたる 2500 年ほどの間とみると，10 年間に 600点，1年間に 60 点が作られたという勘定になる。勿論，時期や地域による増減差は大きいはずであり，あるいは一遺跡だけで短期間に相当量作られたり，全く土偶と無縁の空白期や空白地帯も存したかもしれない。

　この土偶数の積算が縄文文化における土偶の実態と合うのか，それとも大幅にずれるのか，少しく考えてみたい問題の一つである。このことは，土偶の役割，機能にもかかわって重要である。

　土偶は一体いかなる役割を荷担っていたものであったのか。これを知る具体的効果的な手立てを得ることは困難である。せめて，遺跡の中における土偶の出土状態や土偶自体のかたちや毀われかたの状態などの観察分析を通して，縄文人の土偶に対する扱い方の輪郭を描き出してゆかねばならないと考える。

　ところで，これまでにも土偶の機能用途にかかわるさまざまな提案がある。しかし，土偶を女性と決めつけて少しも疑いを入れない大方の傾向は改めて再考されねばならない。乳房の表現を女性の象徴とのみ考えてはならない。男もちゃんともっている。あるいは土偶の正面を示す意味からはじまったのかもしれない。大きく豊かな乳房の表現は，山形土偶や遮光器土偶の一部の型式にみられるのであって，決して多数派ではない。

土偶は，女性でも男性でもなく，縄文人が己の形を写したものでもなく，おそらくは性を超越した存在のイメージ即ち何かの精霊の仮りの姿とみるのである。だからこそ，最古の土偶をはじめとし，いかにもあいまいな形をとるのは，もともとヒト形の必然性がなかったからであり，ヒト形に似たのは縄文人の考えあぐねた末の苦肉の表現なのである。

土偶の出発即ち早期土偶が掌の中に隠れてしまうほどに小形であった事実も重要である。土偶が見せるものでも，見られるべきものでもなかったことを物語っているにほかならない。中期に入って，大形品が加わるが，その場合中空の作りが目立つ。また，特別な出土状態を示すものは大形品に偏っていて，しかも破壊が小さく，ほとんど完全な形をとどめている場合がある。大形品，小形品その他の型式によって，土偶に機能的分化が生じた可能性を示唆する。

3　土偶づくりの流儀

土偶は，縄文土器と同じように粘土で作られる。しかし，本当に土偶と縄文土器の粘土が同じかどうか，実はわかっているわけではない。つまり，縄文土器とは別の粘土を特別仕立てして土偶に用いるということがあったのかどうか，この点を明らかにする必要がある。

やきもの用の粘土は，自然状態の堆積物そのままではない。通常は適当な混和材を適度に混ぜ合わせて充分こねて素地を調合する。このことはまず第一に，生の粘土の粘性を調整して，乾燥割れや焼き割れを防止する働きを期待するのであり，即ち物理的な属性にかかわって生ずる必要性に由来する。これに加えて，混和材の種類の選択や混合のしかたにかかわる文化的な要素があり，地方や時期毎の流儀の問題である。

つまり，土偶用の粘土は土器一般用とは区別されていたとすれば，それは土偶の性質の重要部分の一つとして注意すべきである。けれども，これまでこうした問題へのアプローチはなされていない。同様な視点は，動物土偶や耳飾や土版その他の土製品全般についても重要である。例えば，群

馬県茅野遺跡の晩期耳飾について観察すると，少なくとも透彫の精製品と中実の滑車形の粗製品の二者が区別され，前者はキメの細かい粘土を用いており，後者は砂粒を含む粗い粘土である。この傾向は肉眼で判定しうるのであるが，さらに顕微鏡レベルなどの分析も必要とされるであろう。

さらに，同様な視点で焼成のあり方もまた問題とされねばならない。つまり，やきものとしての素焼の土器は 500℃ 程度で粘土中の水分は全く失われ，いくつかの鉱物は遷移点を越えて別の鉱物へと変化し，水に溶けない物質へと土器全体が変質を遂げるのである。この 500℃ 前後で土器は一応焼き上るのであるが，なおも火を落さずに薪を足して加熱を続けてゆけば，温度は 700°～800℃ 以上にまで達するのである。つまり，燃料の補給をどの程度続けるのか，あるいはまた焼成時間をどの程度かけるのか，という焼成にかかわる流儀が区別しうるはずである。換言すれば，土偶の焼成は土器と異なって，念入りに充分時間をかけるとか，逆に火が通って一応の変質をみれば，それで良しとするというようなことがあれば焼成温度の分析測定によって判断しうるはずである。

岩手県萪内遺跡の大土偶頭部は，ばらばらの破片状態で発見されたが，その内側は生の粘土に戻りそうな様子が観察された。土偶の頭が大きすぎて目論み通りには内部に熱が入りきれなかったのか，もともと土偶の焼成は短かめで切り上げられる流儀であったために，大きな粘土塊としての大土偶の頭の芯まで火が通らなかったのか，土偶のあり方に当然かかわってくる問題である。

この課題については，焼成温度の割り出しに実績をもつ，大沢真澄，二宮修二氏と組んで近日中に作業を進める予定である。

こうして土偶の性格についての多角的な検討解明がさらに期待されるであろう。そして耳飾や土版や三角壔土製品や三角形土版その他の土製の第二の道具のそれぞれについても，形態をめぐる諸問題に加えて粘土の混和材および焼成のあり方を明らかにし，土偶との比較検討もまた期待されるところである。

特集●縄文土偶の世界

土偶研究史
―― その用途・機能をめぐって ――

八王子市教育委員会 奥山和久
（おくやま・かずひさ）

> 土偶は古くから注目され，その出土はじつに膨大な数となっているが，用途・機能についての解釈は，今なお重要な課題である

　縄文人の手に成る土偶が文献に登場したのは，今から367年前の江戸時代初めである[1]。以来今日に至るまで，先学諸氏によって数多くの報告がなされ，さらに土偶の本質に迫るべくさまざまなアプローチが行なわれてきた。しかし，土偶製作が縄文人の心の世界に起因するものだけに，それが「どんな使いみちがあって，どんな働きをしたのか」についての問題は，依然としてブラックボックスの中にある。本稿では，土偶の用途・機能にかかわる研究の歩みを振り返ってみることにしたい。

1　諸説の登場

　土偶の用途・機能に関して最初に考察を行なったのは，白井光太郎である。白井は「貝塚より出でし土偶の考」（『人類学会報告』2，1886）において，土偶の用途・機能を「（第一）小児の玩弄物に製せしか（二）神像と為し祭りしか（三）装飾と為し之を帯ひしか」と3つ挙げ，自説として「土偶も服飾にして或は護身牌を兼ねしものならん」という見解も述べた。続いて坪井正五郎（1895）は，土偶を宗教上のものと捉え，また，土偶の頭部や手足部が欠損しているのを通常であると指摘し，用途と絡ませて「恐くは一種の妄信の為，故意に破壊せるに由るならん」とした[2]。大野延太郎（1897）は，土偶・土版を宗教上の護身あるいは符号のようなものであろうとして「護符説」を提唱[3]。翌年には，再び坪井が土偶を「宗教上の意味有る物と仮定して差支へござりません」[4]と繰り返し言及した。そして，大野は，さらに「土偶の形式分類に就て」（『東京人類学会雑誌』26―296，1910）で，土偶（人面付土器を含む）の性別判断を行ない，女子と見られる類がかなり多いことから「女神即妊婦の崇拝する安産の守神」とする説を唱えるに至った。なお，明治期においては，こうしたわずかな論考を除いて，用途・機能にまで触れたものは見られず，専ら土偶の形態・文様などから当時の風俗を探ることに力が注がれていたが，それは人種論を巡って，激しい論争が繰り広げられていた学界の状況に呼応するものとも考えられるのである。

2　注目された出土状態

　大正時代になり，高橋健自はその著『考古学』（聚精堂，1913）の中で，土偶がいずれも奇妙な形をしていることに注目し，「想ふに宗教的信念から一種の対象として能と不可思議なる状を表したのかも知れない」と坪井・大野同様宗教に関係した遺物と捉えた。八幡一郎は「信濃諏訪郡豊平村広見発見の土偶」（『人類学雑誌』37―8，1922）において，「こゝに注意すべきはこの土偶が発見された際その周囲に小石が直径一尺二三寸位の円形を以て取り囲んでゐたと云ふことである。……私はこの事がすでに偶然のことにあらずして，かのストーン，ヘンヂ若くはストーン，サークル等が新石器時代に於て原始宗教に重大なる関係ありしが如く只大なる石を以つて小なる石に換へた何等かの宗教的意義ある儀式か呪卜の如きものに用ひたのものではあるまいか」とする見解を述べた。八幡のこの考究は，それまでの土偶そのもの（民俗例援

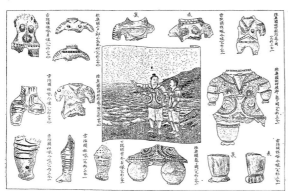
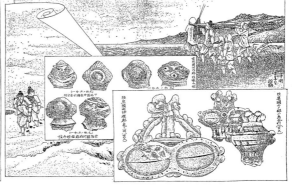

坪井正五郎による土偶からの風俗考（風俗画報, 90・91・93 より）

用はあるものの）から用途・機能を考えていた方法に，出土状態という遺跡との繫を重視し導き出した点は，斬新的なものであったといえよう。なお，八幡は，この論文で取り上げた土偶の乳房が小さいこと，妊娠の表現がないこと，陰部もほとんど誇張されていないことを理由に，大野の安産の守神説を否定，さらに実用品・玩具説も否定した。

　一方，鳥居龍蔵 (1922) は，土偶・顔面把手・土版に女性が多く見られる理由を，盛行な女神信仰が背景にあったとして，「私は是等の諸点から之を神像，殊に女神像とするもので，彼等は当時之を信仰し，之を尊拝し，従って彼等は之に拠て，何事をか祈願したものであると存じます」と「神像・女神像説」を唱え，玩具説についてはその可能性を肯定した。また，鳥居は，女神信仰発生は地母に関係があり，それが盛んとなる初歩農業が縄文時代にもすでに成立しており，そうした土壌が地母神信仰にかかわる女神を生み出し，そのシンボルとして土偶が作られたとするのである[5]。

　谷川磐雄は「土偶に関する二三の考察」（『国学

院雑誌』32—5，1926）の中で，土偶の形態・分布について概観しながら「呪物説」を唱え，「呪物として各人或は各部落が随意に製作し崇拝し携帯したものであらう」とした。そして，土偶・土版に完形品が少ない点を坪井以来改めて久々に指摘し，土偶は完全な時には霊力があるので magic として役立つが，破壊されれば，その能力を失うものであると考えたのであった。

3　神像・呪物・護符説の再検討

昭和に入り，高橋光蔵は「南多摩郡鶴川村発見土偶」（『史前学雑誌』7—2，1935）で，土偶を「宗教的必要品」とする見解を述べている。続いて八幡は「日本先史人の信仰の問題」（『人類学・先史学講座』13，1939）で，先史学が無形の精神活動にまで立ち入ることは難しく，したがって彼等の信仰を理解することは不可能であり，従来の主に民俗例を援用して行なわれてきた推察に対しても注意を促した。そして，鳥居の神像説を，縄文時代に農耕の行なわれた痕跡が見られないと批判した。同年には，甲野勇が容器形土偶を集成・紹介し，相模国中屋敷発見土偶について「俯伏せになつて埋り，……更に又此の土偶の胎内にも骨及び歯の細片が容れられて居り，……その総量約54瓲ほどあり，歯，頭骨，長骨等の細片を含み小金井，長谷部両博士に拠れば恐らく初生児の骨であらうとの事」と報告[6]。翌年の「土偶型容器に関する一二の考察」（『人類学雑誌』55—1，1940）により，用途を幼児の骨蔵器としたのである。

1943年になると，中島寿雄は，その提唱以来検討があまりなされなかった呪物説を取り上げ，多くの土偶がどこか欠失しているのは，災禍を遁れ悪疫を去るためにその一部を棄去したからであるという解釈を示した。そして，(1)土偶が無雑作に棄てられている反面，広見のような出土状態を示すものがあるのは呪物説だけでは理解し難い，(2)土偶すべてが欠損してはいない，(3)呪物に女性を多く表現するのは何故かなど問題点の多いことを指摘した[7]。ここで呪物説の内容が具体的に示されている点が注意される。

戦後，八幡（1959）は，神像・護符・呪物説を再検討し，かつて自らが否定し，懐疑的であった護符説を支持する立場を明らかにしたが，しかし「大きな立像や，複雑な踞像などまで護符とすることはむずかしい」[8]とそれを強く主張するもの

でもなかった。江坂輝彌は『土偶』（校倉書房，1960）を著し，全国の土偶を初めて地域毎・時期別に集成し，分析を加えた。この中で江坂は，女神像説を考慮に値する説とし，また，出土状態から土偶が一時的に神格化する性格を持っていたと指摘した。そして，用途に関しては「人々が腕や足を負傷した場合，土偶の腕や足を折損して捨てた」としている。さらに江坂は「坐した姿の土偶」（『大和文華』34，1961）において，土偶のほとんどが女性であると解釈し，装飾品説・玩具説を否定するとともに，「宗教的行事の必需品」として土偶が作られたとした。

4　多様な用途・機能

ところで，1960年ごろからは，八幡による広見例の報告以来注目されてきた，出土状態から用途・機能を考究する方法がよりとられるようになってくる。この動向は，従来の民俗例・土偶外形上の諸要素などからの用途・機能の考究に，行き詰まりが生じていたことにも起因するのであろう。

そうした状況の中から寺村光晴による『栃倉』（栃尾市教育委員会，1961）の報告が出現した。寺村は，発掘調査で得られた特殊な出土状態を示した土偶3例を紹介するとともに，遺跡での土偶の出土状態を5つの形態（認意・埋納・納蔵・安置・囲い遺構からの出土）に分類する。そして，「この五形態がそれぞれ土偶の使用法の一端を示したものであるとすれば，土偶は信仰的なものでも，単に一つの目的のためのみに行われたものではなく，その使途は極めて多彩なものであり，ある信仰的儀礼の過程において，それぞれの意味を果したものと考えられる」と述べ，用途・機能をそれまでのような1つの枠の中に留めようとした考え方から，多岐にわたっていたことを推定したのである。

野口義麿もまた，寺村と同様に土偶の出土状態に注目し，とくに特殊な遺構から発見された土偶にのみ焦点をあてて集成し，その遺構，土偶自体の事情から用途・機能を「そのときどきに応じ様々であった」[9]と寺村に相似た結論を導き出したのである。なお，野口は，その後も精力的にそうした出土状態を示した土偶の集成を進め，1974年にはその成果を発表した[10]が，多様な用途・機能という考えは何ら変わるところがなかった。1976年には，北海道著保内野遺跡から，人骨の可能性

の強い微細骨を覆土中に含む土壙墓の真上から発見された土偶が報告された[11]。これは，1974年野口が，「明らかに埋葬に関係するものがある」と指摘したことの新たな例証となりうるものでもあった。

同年には，野村崇（1976）の北海道札苅遺跡出土土偶の注目すべき研究も登場した。つまり，破損部位の観察から，土偶が一定の役割を担わされて破壊されたという儀式の存在を予想し，役割によって破壊する部位が異なるという解釈を示すのである[12]。野村のこの見解は「土偶が故意に壊されている」ことを前面に打ち出しており，坪井以来土偶に完形品が少なく，欠けている傾向の強いものを破壊に結びつけていた考え方から一歩前進し，土偶の破損部位を具体的に分析し，あるいは製作法にまで言及し，故意破壊を導き出している点には，説得力がある。

5 第二の道具と集団使用

小林達雄（1977）は，もう一つの視点を提示した。すなわち，土偶を第二の道具の範疇の中に位置づけ，第一の道具（生産・調理用具，工具）では果たせない機能を分担し，ある時は第一の道具の効果を保証するもので，それは祭式儀礼によって果たされると考えるのである。また，損傷箇所の分析を通じて，そこに規則性を見て取り，土偶が意図的に壊されている立場をとる[13]。土偶は完全な形では機能を果たさず，土偶各部位に個別の意味と機能が分担されていたものであって，「壊される」ことと「土偶の部位」とに，有機的な関係を指摘する。しかし，それがどのような意味・機能であったかについては，言及していない[14]。

小野美代子（1981）は，縄文後期加曽利B式期における土偶の極端な増加を「土偶の機能そのものの変化・価値の転換」に求め，土偶の出土部位の検討から，土偶がある遺跡からある遺跡へと移動することを想定する。土偶の用途が単に1遺跡出土土偶のみの分析だけでは完結しないものであり，いくつかの集落がまとまっての集団的な使用が行なわれたのではないかということを推定するのである[15]。この見解はまた，土偶の機能が個人にかかるよりはむしろ，集団という多くの人々の共通の認識のもとで果たされたとも捉えることができ，多くの意味を含んだ見解であった。なお，1975年以降，各地で1遺跡数百点という多量の土偶出土の報告がみられるが，こうした土偶のあり方を踏まえた上での土偶の用途・機能については，いまだほとんど新しい考察がなされていない状況にある。

6 おわりに

土偶の出土数は増加の一途を辿っている。しかし，土偶の用途・機能の解釈は，依然として複雑そして困難なものとなっている。今後は，用途・機能を考究するのに必須の土偶の基礎的な研究が，もっと十分になされ，共通の認識の上に立って見解が述べられ，あるいは諸説の再検討が行なわれることが，大きな課題であるといえよう。

    註
1) 村越　潔「永禄日記」考古学ジャーナル，43，1970
2) 坪井正五郎「コロボックル風俗考　第八回」風俗画報，104，1895
3) 大野延太郎「土版ト土偶ノ関係」東京人類学会雑誌，12—131，1897
4) 坪井正五郎「石器時代の仮面」東洋学芸雑誌，197，1898
5) 鳥居龍蔵「日本石器時代民衆の女神信仰」人類学雑誌，37—11，1922
6) 甲野　勇「容器的特徴を有する特殊土偶」人類学雑誌，54—12，1939
7) 中島寿雄「石器時代土偶の乳房及び下腹部膨隆に就いて」人類学雑誌，58—7，1943
8) 八幡一郎「日本の先史土偶」MUSEUM，99，1959
9) 野口義麿「土偶・土版」『土偶・装身具』日本原始美術 2，1964
10) 野口義麿「遺構から発見された土偶」『土偶芸術と信仰』古代史発掘 3，1974
11) 南茅部町教育委員会「北海道著保内野出土の中空土偶」考古学雑誌，61—4，1976
12) 野村　崇「木古内町札苅遺跡出土の土偶にみられる身体破損について」北海道考古学，12，1976
13) 偶然に壊れたとする立場をとる人に藤沼邦彦（「土偶」『日本原始』世界陶磁全集 1，1979）がおり，土偶の破損率が土器やその他の遺物と変らないとする立場をとる人に中谷治宇二郎（「土偶汎論」『日本石器時代提要』1929），能登　健（「土偶」『縄文人の精神文化』縄文文化の研究 9，1983）がいる。
14) 小林達雄「祈りの形象　土偶」『土偶　埴輪』日本陶磁全集 3，1977
15) 小野美代子「加曾利B式期の土偶について」土曜考古，4，1981

特集 ● 縄文土偶の世界

土偶出現の時期と形態

埼玉県埋蔵文化財調査事業団 浜野 美代子
(はまの・みよこ)

初期の土偶に表現された女性像としてのイメージは，その後，土偶がいかなる変化をとげようと，その底流に流れていた

　現在のところ，知られている最古の縄文時代の土偶は，縄文時代早期前半，関東地方の撚糸文系土器に伴うものである。ここ十数年の間に資料も増え，"発生期の土偶"として注目されている。

　この時期の土偶は，小形で簡単な作り方をしており，細部はほとんど表現されていない。形態は，逆三角形や分銅型[1]のものが古く，これに小さな頭部が付くバイオリン形のものが新しいと考えられている。上半身には豊かな乳房が表現され，バイオリン形の土偶には腹部が膨らんだものが見られるなど，女性をイメージした土偶が多い。

　これらの土偶が，どのような経緯で出現したのかは依然として謎につつまれている。しかし，土偶は縄文時代の社会に受け入れられ，その伝統は，東北地方から関東地方にかけての弥生時代初期にまで受け継がれ，各地域，各時期ごとにさまざまな形態に変化していく。

　縄文時代の社会が土偶を受け入れた時点で，土偶が女性を型どったものとして作られたと考えられることは，わが国の土偶のルーツを探るうえでの重要な鍵になるはずである。

1　土偶以前

　わが国において縄文時代の土偶以前の人像として知られているものは，まれである。

　大分県岩戸遺跡出土の「こけし」形石製品がそのひとつである。これは結晶片岩製のもので，目や口の表現と思われるわずかな凹みがみられるものである。またやや時期は下るが，縄文時代草創期の遺跡である愛媛県上黒岩遺跡からは，扁平な自然石を利用して線刻で人物を表現したものが数例出土しており，他の地域からも線刻礫が何例か報告されている。

　芹沢長介は，岩戸遺跡の「こけし」形石製品とシベリアのマルタ遺跡（後期旧石器時代）のヴィーナス像とを比較し，それらの類似点を指摘しながら，上黒岩遺跡の資料を間にはさみ，縄文時代の土偶につながるであろうという指摘をしている[2]。

　旧石器時代のこけし形石製品から縄文時代草創期の線刻礫，さらに草創期の線刻礫から縄文時代早期の土偶への移行は，これまでの資料をみるかぎり決して連続的ではない。しかし，草創期の線刻礫から早期撚糸文期の土偶への移行には，現時点で発見されている資料の地域的な片寄りなどはあるものの，全体のイメージからは大きなひとつの流れの内にあるものと考えられる。

　すなわち早期撚糸文期の土偶の表現で最も象徴的な部分は，豊かな乳房の表現であると言える。例えば，千葉県木の根遺跡出土の土偶は，扁平な逆三角形の胴部に，大きく垂れた乳房が表現されている。これは，草創期の線刻礫にも相通ずる表現であり，女性像をイメージした際の最も象徴的な表現であったことがうかがえる。草創期の線刻礫と早期撚糸文期の土偶との類似点で，最も重要なのは，その乳房の表現にあることをとくに強調したいのである。

2　早期撚糸文期の土偶

　発生期の土偶について，原田昌幸は，関東地方の撚糸文期の土偶を＜木の根タイプ＞と＜花輪台タイプ＞の二つに分類した[3]。筆者も基本的には

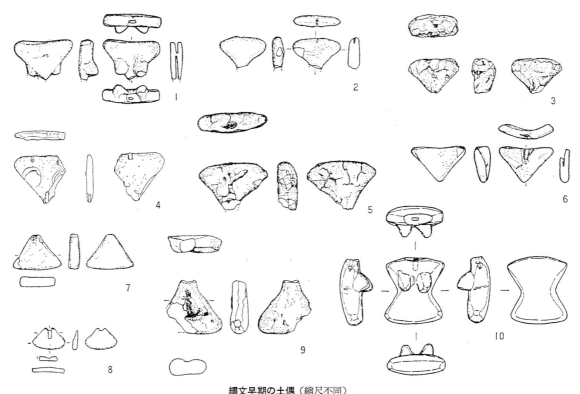

縄文早期の土偶（縮尺不同）
1・2・6〜8 木の根　3 両国沖Ⅲ　4 金堀　5 朝倉　9 小間子A　10 上台

この分類に賛成である。ただ＜木の根タイプ＞については，多少異なった意見を筆者は持っている。

関東地方の早期撚糸文期の土偶は，千葉県と茨城県境，利根川流域を中心に十数例が知られており，現在のところ千葉県両国沖Ⅲ遺跡出土の土偶が最も古いものと考えられている。

両国沖Ⅲ遺跡の土偶は逆三角形で，側面は厚く，末端部の先端と左右の乳房が欠落している。上部中央には深さ 11 mm ほどの刺突が施されている。大きさは幅 25.5 mm，現存高 26 mm，厚さ 17.5 mm の小形の土偶で，乳房は粘土を貼り付けて表現されていたと考えられる。このような特徴は，木の根遺跡出土の土偶にも共通しているものであり，いわゆる＜木の根タイプ＞の特徴がうかがえる。

木の根遺跡からは撚糸文期の土偶が7例出土しているが[4]，いずれも小形で，逆三角形や正三角形，またはそれに近い形のものである。7例のうち，明瞭な三角型(がた)を示す5例には，三角形の上辺中央，下端，または上端に数 mm から十数 mm の深さで小さな刺突が施されている。また2例は，乳房が付けられており（うち1例は剝落），粘土を貼り付けて乳房を表現していたことがうかがえる。他に，同様な特徴を持つ土偶は，千葉県下の金堀遺跡，朝倉遺跡，小間子(こまご)A遺跡などから出土している。

さて，ここで問題にしたいのは，縄文時代初出の土偶について"逆三角形"というイメージが固定化しつつあることである。原田によれば，稲荷台式期＝逆三角形＜木の根タイプ＞，花輪台式期＝バイオリン形＜花輪台タイプ＞の図式が成り立つ。これに対して篠原正は，稲荷台式にもバイオリン形の土偶が存在することを指摘しており[5]，筆者の賛成するところである。

稲荷台式期の土偶においては，その多くに見られる小さな刺突や未貫通孔，または，貫通孔の存在が注意される。これは，現在知られている 13 例の土偶の9例に見られる。これは過半数を超える数であり，三角型のものだけに限るとその割合は9割近くになる。また上辺中央に刺突を持つものが6例，上半身を貫通するものが1例存在するが，木の根遺跡の1例（図6）を除いていずれも乳房を有していたことがわかる。これに反して，先端部のみに未貫通孔を有するものは扁平であ

22

り，実測図で見る限り乳房などが貼り付けられていた痕跡はうかがえない。つまり，先端部のみに未貫通孔を有する土偶は，下半身として作られたものであることを自ずから示唆しているものと解釈したい。したがって，稲荷台式期の土偶は，頭部，上半身，下半身を別々に作り，微小な木芯などを用いて接合する方法で全身像を作ったものと考えることができよう[6]。なお，千葉県船橋市上台遺跡からは，分銅型で上辺中央に微小な未貫通孔を持つ稲荷台式期の土偶が出土している[7]。したがって，稲荷台式期の土偶＝逆三角形という図式は成立しない。稲荷台式期には，すでにバイオリン形の土偶が存在していたのである（図10）。

草創期の線刻礫は，愛媛県上黒岩遺跡の他に岐阜県ひじ山遺跡，山梨県上ノ平遺跡，秋田県五城目町などから出土している。ほぼ楕円形の扁平な小礫が選ばれ，大半のものは，その片面に頭髪・乳房・腰蓑様のものがセットで，または一部のみ線刻で表現される。このような特徴から，女性の全身像がイメージできる。そして，早期撚糸文期，花輪台式期の土偶もまた，いわゆるバイオリン形を呈しながら，頭部や乳房が表現された女性の全身像をイメージさせるものである。

この二つの時期にはさまれた稲荷台式期の土偶が逆三角形をとり，先後の形態と大きな差を示す必然性はどこにもない。原田は早期撚糸文期の土偶が自生的に発生したものと考え，草創期の線刻礫などとは別系統のものとしている。そして，撚糸文系期の土偶の形態変遷を逆三角形板状→バイオリン形板状という図式で捉えている[8]。しかし，早期撚糸文期の古段階に逆三角形のものとして自生的に発生した土偶が，なぜ，同じ撚糸文期の新段階でバイオリン形に変わるのかという疑問が残る。

稲荷台式期の土偶が，頭初からバイオリン形の土偶として作られたことは，船橋市上台遺跡例からも明白であり，他の土偶も部分を組合せることでバイオリン形として作られたと解釈すれば，より連続的な変遷が辿れるのである。

確かに土偶の形態がすべて一系統のものである必然性はないし，各時期，各地域の土偶をみてもそのことは明らかである。しかし，同一地域の連続する時期に，土偶のみが別系統のものとして入ってくることはあり得ないはずである。またそれ以降の時期をみても，土偶の形態が逆三角形になることはなく，広い意味での土偶の人像としての流れは"バイオリン形"の土偶を基本として発展していったものではないかと考える。

早期撚糸文期の土偶の形態は，草創期の線刻礫からの伝統を踏まえながら，豊かな乳房を持つ女性像をイメージして作られたと考えられる。すでに早期稲荷台式期以前の段階で"土偶"のイメージは成立しており，それを粘土に表現したのがバイオリン形の土偶であったと筆者は考える。

3　おわりに

豊かな女性像をイメージして成立したと考えられる土偶は，縄文時代の社会に受け入れられ，各地に拡がり発展してゆく。その過程で様々な価値が付け加えられ，地域や時期毎に異なった要素が土偶に表現されるようになる。女性像からかけ離れたデフォルメもみられるようになる。初期の土偶に表現された女性像としてのイメージは，女性をおもわせるような表現の有無にかかわらず，縄文時代の社会を通じて土偶に共通したイメージであったと筆者は考える[9]。

註
1)　大阪府神並遺跡例
2)　芹沢長介「縄文時代の土偶」国華，885，1963，同「大分県岩戸出土の『こけし』形石製品」『日本考古学・古代史論集』1974
3)　原田昌幸「縄文時代早期の土偶─発生期の土偶をめぐって」考古学ジャーナル，272，1987，同「縄文時代の初期土偶」MUSEUM，434，1987
4)　池田大助・宮　重行『木の根』千葉県文化財センター，1981
5)　篠原　正「金堀遺跡出土の土偶に関する一考察」印旛郡市文化財センター研究紀要，1，1986
6)　註5)に詳しい。
7)　『考古学ジャーナル』1989年12月号に詳しい。
8)　原田昌幸「発生期の土偶について」奈和，21，1983
9)　筆者は，土偶を女性像とのみ規定し，そのことで土偶に特別の用途を与えようと考えるのではない。ましてすべての土偶が縄文時代を通じて一定の役割をになっていたとも考えていない。しかし，土偶の複雑な表現形態や付加価値をとりはらい，もっとも基本的な形態として初期土偶をみると，その表現形態にイメージされているのは女性像であることは否定できないと思われる。

●地域的なあり方●

十字形土偶

青森県埋蔵文化財調査センター
■ 三宅徹也
（みやけ・てつや）

円筒土器文化には下層式に少量の，上層式にかなり多くの十字形土偶が
伴出する。そして上層式の土偶の文様は各型式のそれとほぼ同じである

縄文時代前期から中期にかけて，東北北部から北海道南部の地域に栄えた円筒土器文化には，前期の下層式に少量の，中期の上層式にはかなり多くの土偶が伴出することが知られている。これらの土偶は板状土偶，あるいは脚部の表現がまれであることから，十字形土偶と称されている。

円筒土器文化に土偶が伴うことは，1926 年の長谷部言人・山内清男による八戸市一王寺遺跡A′地点の調査によって明らかとなった[1]。その後，とくに 1949 年以降江坂輝彌による青森県内諸地域の発掘調査での出土品とともに，各地の収集家の蔵品も数多く知られるようになった。江坂はこれらをもとに土偶の文様と形態の時代的変遷をまとめ「円筒土器に伴う土偶」と題して発表した[2]。これが十字形土偶に関する初めての論文である。その後これに類するものは，村越潔が同様の事項について論じた以外発表されていない[3]。

1 下層式における土偶

出土状況と分布 下層式に伴う土偶は 6 例あり，すべて青森県内からの出土である。土器との伴出が明確なものは山内による一王寺例と白座例（1，上下逆？）[4]だけで，その他の4例は一王寺例との比較により類推されたものである。白座例は下層 a 式土器に伴出したもので，円筒土器に伴う土偶の最古例であるが，一王寺例は，山内によれば伴出型式の確定は困難としている。

形態 完形品は白座例の1点だけであり，その他は頭部を欠く。しかし，白座例は顔面の表現がないため，当該期の顔面表現については不明である。体部は，白座例が十字形である他は，概略逆三角形またはその肩部を若干左右に張り出させて腕部をわずかに表現し，これに頭部を付けたものである。体部には乳房を表現した瘤状の突起を持ち，臍または性器を示すと考えられる瘤状突起は，これを有するものとそうでないものとがある。胎土に植物性繊維を含まないものは三内遺跡の2例であり，白座例は不明である。

文様 文様は土器の装飾と異なり沈線によって

いるが，下半身部分に数条の浅い沈線を持つもの，あるいは股空きを示すと考えられる逆V字状の沈線を有する程度であり（図2），背面には文様のない例が多いようである。なお，石神遺跡出土資料中に胎土に植物性繊維を含み，絡条体圧痕文による文様を有するものがあるが，この土偶の所属時期については評価が分かれている。

2 円筒上層式に伴う土偶

出土状況と分布 上層式に伴う土偶は，知り得た範囲では 34 遺跡138 点を数える（表）。その内訳は，北海道7遺跡27 点，青森県 23 遺跡98点，秋田県2遺跡3 点，岩手県2遺跡10 点であり，70 ％を青森県内出土資料が占めている。

中期の土偶の場合，発掘調査によって出土した例は 24 遺跡を数える。その多くは竪穴住居跡覆土内から，あるいは包含層からの出土であり，特殊な意味合いを有すると考えられるものは，北海道白坂遺跡第 8 地点第 5 号竪穴住居跡の床面から小形の完形品2点が対をなして出土した例[5]，および泉山遺跡でのフラスコ状ピットからの出土例であろう[6]。

形態 大きさは4～5 cm の小形のものから，30 cm を超えるであろうと考えられる大形品まで実にさまざまである。形態は基本的には前期のそれと大きく異ならないが，腕部が突出して表現されることにより，十字形土偶の呼称がより適切なものとなっている。しかし，図 12・14 に見られるように脚部の表現のあるもの，体部の厚みが増しその下面が平坦なもの（図7）もまれに存在する。体部には，下層式同様乳房などを表わす瘤状の突起を有する。

多くは顔を表現するが，小形品ではその表現のないものもある（図 8・12）。顔の表現は抽象的なもの（図3）と写実的なもの（図 10・15）があり，後者はとくにc・d式に多い。頭部の位置は，明らかに人体構造に基づいたもの（図4・10 ほか）と，そうでないもの（図3・9）とがあり，図9は後者の典型的例である。

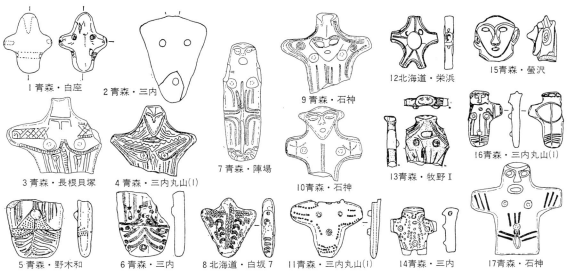

十字形土偶（縮尺は不統一。2・3・7・9・10・17は写真より起こしたものである）

十字形土偶出土地一覧表

● 円筒下層式に伴う土偶　5遺跡6点
青森市三内　2点　d?式
八戸市一王寺*1点　c～d
階上町白座*1点　a式
野辺地町松ノ木1点　d?式
不　明　1点　d～上層a
十和田市明戸*1点　a式
● 円筒上層式に伴う土偶
　　　　　　　　33遺跡134点
函館市サイベ沢*5点　d～e?
函館市桔梗2*1点　d～e?
函館市石川1*　　　e式
泊村ヘロカルウス*1点　d～c
松前町白坂8*3点　b～c
松前町白坂7*1点　b?式
八雲町栄浜1*13点　a～d
森田村石神*12点　a～e
鰺ヶ沢町建石　1点　a～b
弘前市牧野Ⅰ*1点　a～b
平賀町唐竹　1点　a～b
三厩村中の平*1点　a～b

青森市三内*24点　a～e
青森市三内霊園*1点　a式
青森市三内丸山*1点　d～e?
青森市三内丸山1　33点　a～e
青森市三内沢部*5点　a～e
青森市岡町　1点　a～e
青森市蛍沢　2点　a～e
青森市野木和　1点　a式
川内町上畑*1点　a～b
佐井村八幡堂*2点　a～e
脇野沢村瀬野*1点　b?式
五戸町陣場　1点　a～b
倉石村不明　1点　a～b
十和田市明戸*2点　b式
八戸市一王寺　3点　a～b
八戸市林ノ前　1点　a?式
八戸市長根貝塚*1点　a式
三戸町泉山*1点　d～e

森吉町狐岱*1点　a式
能代市館下Ⅰ*2点　c～d

九戸村田代*1点　e式
二戸市上里*9点　a式

　　　　*は調査分

　頭部や胸部に一対の，あるいは各肩から腋の下に抜ける懸垂用と考えられる貫通孔を有するものも多く，住居内の柱あるいは壁などに下げたものと考えられている。
　文様　100点を超える土偶が出土しているが，土器との供伴関係の明白なものは少なく，その所属時期については各遺跡の主体となる土器型式，あるいは各土器型式の文様との比較によって推定されることが多い。
　土偶に施文される文様は，各土器型式で用いられる文様要素とほぼ同様である。ただし上層a式に伴う土偶の場合，沈線文様が多用されており，

土器装飾の場合と異なるが，それは同じa式でも古手の土器に伴うものと考えられている（図3・5）。縄文原体による押圧文様は，土器の場合下層c式から上層b式までの主体となる文様要素である。しかし土偶の場合は，上層a式（図4・9）からc式（図8?・10），さらにはd・e式まで継続して用いられたようであり，これを多用するのはb式である（図6・7?）。刺突文はa式（図5）でも用いられるが，竹管などによる角状の刺突文はc式に多用されている（図10・11・14）。d式ではa式同様沈線文を施文したものが多いが，文様が異なっている（図16・17?）。縄文地に沈線文様を施文したものはe式に多い。

3　おわりに

　下層式に伴う土偶の出土例は，上層式のそれに比べると極めて少ないが，下層式では10遺跡から合計18点の岩偶が出土していることは考慮する必要があろう。また，今後一層伴出関係および形態的な面や文様的な面からの変遷過程の把握に努める必要がある。

註
1) 山内清男「円筒土器に伴う土偶一例」ドルメン，3—7, 1934，先史考古学論文集，2, 1967
2) 江坂輝彌「円筒土器に伴う土偶」考古学雑誌，51—4, 1966
3) 村越　潔「円筒土器に伴う人工遺物」『円筒土器文化』1974
4) 杉山　武ほか「白座遺跡」『白座遺跡・野場遺跡(3)発掘調査報告書』1988
5) 久保　泰ほか『白坂遺跡』1983
6) 市川金丸ほか『泉山遺跡発掘調査報告書』1976

●地域的なあり方●

出尻土偶

平出遺跡考古博物館
■ 小林康男
（こばやし・やすお）

出尻土偶は河童形土偶の影響のもとに狢沢期に出現し，曽利期前半に
かけて中部山地〜多摩丘陵を中心に盛行した地域色の強い土偶である

縄文時代中期に発達した土偶の一形態に，尻が張り出した，いわゆる「出尻土偶」がある。この土偶については，すでに神村透氏により，中期後半に伊那谷，諏訪，松本平に特徴的に分布する地域性の強い土偶として考察が加えられ[1]，また，小野正文氏はその前段階を勝坂式土偶として論じている[2]。ここではこれら先学の研究成果を参考としつつ，尻が張り出すという特徴をもつ土偶のあり方を考える。

1 形態・文様

出尻土偶は，その呼称の如く，臀部を外方に強く張り出す特徴的な形態を呈する有脚立像土偶である。尻の張り出し方には，ゆるやかなもの（長野県宮城・葦原例など），きついもの（長野県長塚，坂上，山梨県坂井例など），尻上部が水平近く極端に張り出すもの（長野県日向坂，尾越，増野新切例など）の３種が認められる。平面形は，寸胴かやや丸味をおびるものが大半を占める。尻には押引きないし沈線によるハート形の文様を施すことが多い。

頭部は，中央部が凸状に盛り上がり，側面形は後頭部が球状に張り出す立体的なものを主体とする。顔は，楕円形かハート形で，眉，鼻は粘土紐で，目，口は刺突によって表現されている。

胴部は，板状で，沈線による渦巻文を施文し，乳房，正中線を有するものが多い。両手は，左右水平に伸ばすか，わずかに上方に上げたバンザイ形を呈する。脚は，太く，大きく，外方に踏んばるような形で造られ，足は立たせることが可能な安定感のある大きなものとなっている。

全体形は，立体感のある頭部，板状の胴部，誇張した腰・尻，安定的な大きな脚をもった立像土偶の形態を呈している。同じ中期に盛行した頭部平滑ないし皿状で，尻の張り出しの少ない河童形土偶とは，頭部・尻の形態において差異が認められる。

2 分布と変遷

出尻土偶は，中期に限ってその存在が認めら

れ，中部山地から多摩丘陵を中心とした地域に分布する。

中期前半（狢沢〜井戸尻期） 狢沢期に属する山梨県坂井例は，すでに典型的な出尻土偶の形態をなしており，その初源がこの時期まで遡ることを示している。後続する井戸尻期まで釈迦堂，長野県尖石，大明神台地出土例にみるように坂井例に類似した形態が存続する。

この時期の特徴は，尻が強く張り出し，文様は押引きないし刺突によって施され，下腹部に対称弧線文が施文されていることである。

分布は，頭部形態が不明であるが，出尻で文様構成が類似するものを含めて考えると，東京（神谷原），山梨（安道寺，坂井，釈迦堂），長野（大石，尖石，宮城，大明神台地，中山）など，中部山地から多摩丘陵にかけて認められる。この分布圏内では，形態・文様とも均一性が強く，地域色は認め難い。また多数出土した釈迦堂を除けば，各遺跡とも１，２点と少なく，出土遺跡も多くない。

中期後半（曽利期） 出尻土偶は中期後半に至り，形態のバラエティーがふえ，量が多くなり，分布が広がる。

分布は，中部山地から多摩丘陵を中心とする点に変わりはないが，北陸（石川県笠舞）にもその存在が認められる。後半になると前半期における形態・文様の均一性は崩れ，地域色が生まれてくる。とりわけ天竜川流域の伊那谷は神村氏の言う「下伊那系尻張り土偶」が発達する。

伊那谷に特徴的に分布する出尻土偶は，臀部を上向きにするほど極端に強調し，頭部には頭髪を表現した文様を施す。刈谷原，尾越，増野新切，日向坂出土例を代表とする。

一方，伊那谷を除く他の分布圏内[3]でも，尻の張り出しは，ゆるいものと，きついものとが出土し，頭部は球形あるいは扁平で，手は水平ないし上方にのばしてバンザイした形を呈するなど，微妙な形態差がみられる。文様は，沈線による渦巻文を胴・脚に，尻にはハート形を施文している。

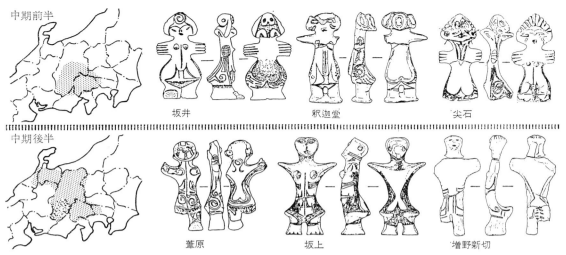

出尻土偶の分布と変遷

長野(葦原,上木戸,三夜塚,長塚,坂上),山梨(釈迦堂,姥神),東京(山根坂上,椚田第Ⅳ)を代表例としてあげることができる。

出土頻度は,前半期に比較し著しく高く,伊那谷,松本平ではこの時期の土偶の大半が出尻土偶で,両地域とも100例を優に越える出土数がある。この両地域以外の諏訪～多摩丘陵地域では釈迦堂のような限られた遺跡以外目立った多さではなく,北陸では数例に限られる。出尻土偶は,曽利Ⅱ～Ⅲ期に最も盛行するが,この時期を境に消滅するようである。

3 河童形土偶との類似と相違

出尻形態は,河童形土偶[4]の中にも認められる。中期初頭の富山県長山,後半の長野県姥ヶ沢では尻がわずか張り出した姿をみせている。また地域的にやや距離があるが,宮城県中の内A,山形県思い川,福島県宮前で,平滑頭部を有し,腰から脚を誇張し,尻を突き出した表現をとる河童形土偶が数点出土している。

今のところ中期初頭まで遡り得る出尻土偶の発見がないため,尻を張り出すという形態的特徴の萌芽は河童形土偶の中に見い出すことができそうである。

土偶が複数出土している遺跡において,出尻形と河童形の共存関係をみてみよう。中期前半では釈迦堂S-Ⅰ・Ⅲ・Ⅳ区で臀部形態が判明する21点すべてが出尻形態をとり,他の形態を含んでいない。後半でも同様で,S-Ⅲ・Ⅳ区,N-Ⅳ区では26点すべて出尻形態で占められている。頭部は,平滑な河童形は中期初頭を主体に,わずかに新道期まで存続するが,後は出尻土偶の頭部形態をとる。釈迦堂では,その初期の狢沢・新道期の段階では両者が共存した可能性もあるが,それ以後,後半の曽利期まで共存は認められない。

一方,特異な発達を示した伊那谷では,曽利期の尾越で3点,増野新切で9点すべてが出尻を呈し,平滑の河童形頭部は全くない。

こうしたことから同一遺跡内では,出尻土偶と河童形土偶の共存は極く稀であったか,全く共存しなかったことが分かる。ただ両者は,互いに影響しあって発展したらしく,茅野市棚畑出土の縄文ヴィーナスは,頭部は平滑であるが,尻は大きな出尻を呈し,両形態の折衷形ともいえる形態をなしており,両者の関係が窺われる。

中期初頭のわずかに張り出した頭部平滑の河童形土偶から,尻を強調する方向をとる出尻土偶と,頭部を重視する方向に進む河童形土偶の2者が中期中葉～後葉にかけて盛行していくことになる。

以上のように出尻土偶は,河童形土偶の影響下,狢沢期に出現し,曽利期前半にかけて,中部山地から多摩丘陵を中心に盛行した地域色の強い土偶であるといえる。

註
1) 神村 透「下伊那性を示す有脚尻張り立像土偶」中部高地の考古学Ⅲ,1984
2) 小野正文「同じ顔の土偶」季刊考古学,12,1985
3) 神村氏は,伊那谷以外のものを唐草文系尻張り土偶と一括して呼称している。
4) 小林康男「縄文中期土偶の一姿相」長野県考古学会誌,46,1982

● 地域的なあり方 ●

ハート形土偶

栃木県立博物館
■ 上野 修一
（うえの・しゆういち）

ハート形土偶は東北南部から北関東地域に濃密な分布を示し，新潟・長野ま
で広がる。なかでも北関東は後期になって急速に土偶が普及した地域である

昭和16年の春，群馬県吾妻町郷原の県道工事中に一個の土偶が発見された。完形に近い形で出土したこの土偶は，渦巻文や列点文に飾られ，扁平でやや上向きのハート形をした顔に真横に伸びる腕，細くくびれた胴と対照的に張り出した腰や踏ん張った太めの脚を有する優品であった。この資料は昭和29年に発表され[1]，その形状はもとより石囲いの施設に埋納されていたらしいという，特殊な出土状態に研究者の注目が集まった。以後，類似する土偶はこの郷原遺跡出土例にちなんでハート形土偶とよばれている。

小稿では，この種の土偶の時空的分布を中心に，二三の問題についてふれてみることにする。

1　ハート形土偶と名称

郷原例が発表された数年後に，野口義麿氏がこの種の土偶に郷原型土偶の名称を付し，狭義の意味での型式を指向している[2]。また江坂輝彌氏は，これらの土偶を関東地方における後期第一類のひとつの型として円筒形土偶と分離している[3]。その後，緊急調査の増加にともない土器の編年研究が進む一方で，土偶の型式学的な分類研究はなおざりにされてしまった感が強い。これは，土偶が各遺跡で出土数が少なく，しかも層位的な発見例に乏しいなどの事情に起因するものと思われる。こうしてハート形土偶の名称は通称のまま一人歩きし，型式設定以前の段階を長く引きずることになるのである。資料数の増加にともない顔面がハート形を呈していない土偶までも，通称「ハート形土偶」の中に含まれてしまうような混乱が派生している。近年，ようやく胴部文様や頭部形状の特徴などによる分類も進められるようになっている[4]。今後は遺物研究の基礎に戻って，こうした型式学的な方向から，土偶も検討されていくことが望ましいといえる。

2　ハート形土偶の分布

かつて江坂氏は，この種の土偶を北関東地方から福島県下にかけて堀之内1式にともない分布するものであるとの見解を示している。ここでは，

その後の資料を加えてハート形土偶を出土した主要遺跡を分布図として示した（図参照）。分布図作成に当たっては，郷原遺跡例に近い一群はもとより，山形県米沢市八幡原遺跡例などのような腰部の張り出しの弱い一群や，茨城県島名遺跡例のような腹部が膨らんで前に張り出す一群，さらには長野県辰野町新町遺跡例のような，胴部がくびれず太く丸みをおびた形状のものも，あえてこれに加えている。一方，仙台市伊古田遺跡例のような顔面は類似するものの，手足や胴部形状，文様が異なる一群とは区別される。

この分布図からハート形土偶各種の広まりをみると，北は米沢地方から蔵王地方付近までであり，福島・茨城・栃木の各県域で多く分布している様子がうかがえる。周辺部には，新潟・千葉・群馬・神奈川・長野などにまで分布が広がっていることがわかる。つまり阿武隈山地と八溝山地の周縁部が分布の中心となりそうである。

この種の土偶の出現時期の問題も単純ではない。宮城県大梁川遺跡では，胴部が扁平で首が突き出す一群の土偶が，大木9から10式期のものであることが層位的に確認されており，そこにハート形土偶やその影響を看取できるような資料が1点も含まれていなかった点が注目されている[5]。ハート形土偶の成立については，胴部から前に突き出す首と平坦な顔面形状は，この板状土偶の系譜を引くものと考えられるが，下半身が大きく安定した形状や平行沈線文で加飾される点については，従来から，中部・北陸・福島県域にかけて分布した中期前葉の立像土偶との関連が指摘されている。しかし福島県では，この種の土偶は高郷村博毛遺跡や福島市月岡遺跡など大木7a式から8a式の遺跡に見られるものであり，現在のところ直接的な関連は認められない。中期の立像土偶とハート形土偶が直接的な系譜でつながるものなのか，先祖がえり的なものなのかは，さらに今後の類例増加をまって検討したい。

なお，福島県郡山市荒小路遺跡や，三春町柴原

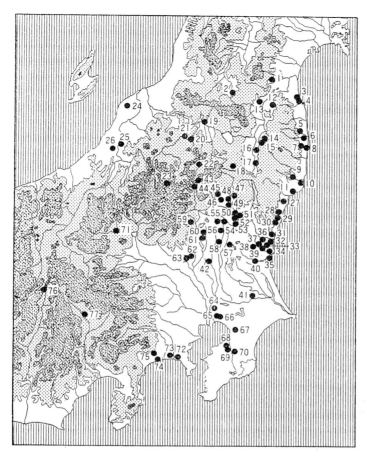

ハート形土偶出土主要遺跡分布図
1 二屋敷　2 八幡原No.30　3 小川　4 三貫地
5 順礼堂　6 塚の前　7 道平　8 南沢　9 愛谷
10 下大越　11 大畑　12 武ノ内　13 方正寺　14 柴原A　15 西方前　16 荒小路　17 堂平B　18 内松　19 袋原　20 佐渡畑　21 早戸　22 長野　23 下ノ原　24 上ノ原　25 三十稲場　26 上並松　27 上野台　28 島名　29 中台　30 上の代　31 大久保　32 本米崎　33 御所内　34 三反田　35 大貫落神　36 静　37 阿川　38 愛后　39 谷田　40 下土師　41 福田　42 矢畑　43 後山　44 清水端　45 槻沢　46 真子　47 長谷田　48 川西小　49 岩船台　50 古館　51 岡平　52 羽場　53 鳴井上　54 八斗星　55 堂原　56 向原　57 山居台　58 塚原　59 坂の上　60 根古谷台　61 上田　62 伯仲　63 後藤　64 貝の花　65 堀之内　66 姥山　67 築地台　68 諸久蔵　69 上高根　70 堰ノ台　71 郷原　72 東正院　73 遠藤　74 万田　75 天神台　76 新町　77 後田

な突起が施されているものがある。これらの文様も時期的には同じ頃の所産であるが、頭部に捻り棒状の突起を有する岩手県大迫町立石遺跡などの、東北的な土偶の頭部を彷彿とさせるものである。これらは、今後類型化が進むなかで再検討を要するものである。

3 おわりに

郷原遺跡出土のハート形土偶が、特殊な埋納の問題を提起したことは、初めに記したとおりである。しかし、残念ながら半世紀を経た現在も類例に乏しい。一方、完形に近い出土例は、柴原A遺跡、いわき市愛谷遺跡例をみるかぎり、綱取1式から綱取2式にかけての時期が注意される。とくに荒小路遺跡では綱取1式はほとんど出土しておらず、ここでは綱取2式に伴出した可能性が極めて高い[6]。この遺跡出土の土偶の文様モチーフを基本とするなら、ハート形土偶は東北地方南部では綱取2式、関東地方ではこれに併行する堀之内1式期に該当する事例が多いようである。なお、栃木県や茨城県域は中期では土偶の出土例が極めて乏しい地域であり、後期のこの時期に急速に土偶が普及した現象は、称名寺式土器群の後退とともに、綱取式の急速な進出が認められる土器群の動態と一致し、その故地を暗に示唆しているようで興味深い。

段階的に新しい資料としては、栃木県藤岡町後藤遺跡で脚部に幅の狭い縄文が施された横線文と区切り沈線文が施されたものが出土している。この文様は加曽利B1式土器との関連をうかがわせるものである。また、茨城県瓜連町静遺跡や栃木県大平町伯仲遺跡では頭部に横「S」字状の装飾的原A遺跡や荒小路遺跡（両手欠損）などで検出されており、配石遺構との関連をうかがわせるような資料も増加している。今後、集落論などとの関連で土偶が語られるようにするためにも、早急な編年が望まれるのである。

なお、多くの方々から御教示いただいたにもかかわらず、遺跡に関する文献を一部しか掲載できなかった。御寛容を乞う次第である。図版作成に当たっては宇都宮大学院生、津布楽一樹氏の協力を得た。

註
1) 山崎義男「群馬県郷原出土土偶について」考古学雑誌、39—3, 1954
2) 野口義麿「先史土偶」『世界陶磁全集1』1958
3) 江坂輝彌『土偶』1960
4) 瓦吹 堅「常陸の土偶―那珂郡東海村を中心として―」『常陸国風土記と考古学』1985
5) 相原淳一ほか『大梁川・小梁川』宮城県文化財調査報告書 126, 1988
6) 山内幹夫ほか『荒小路遺跡』母畑地区遺跡発掘調査報告19, 1985

●地域的なあり方●

筒 形 土 偶

日本大学助教授
■ 鈴木保彦
（すずき・やすひこ）

筒形土偶は堀之内式期という短期間内に中部地方の一部から
関東地方という限られた地域で用いられた特殊な土偶である

1　筒形土偶の形態

　筒形土偶は，手足が省略され頸部以下が円筒形を呈する土偶である。口から胴部にかけて空洞となり，顔面は横向きではなく，あごを上げ斜上方を向く。体部は円形刺突文が縦位に数条めぐるものや，後頭部から胴上部にかけて橋状把手に似たアーチ状の把手が付けられるものが多い。また，乳房の付けられるものや，胴部前面の正中線にそって縦位の沈線や隆線の施されるものも少なくない。堀之内1式期のものには，胴部に蛇行する縦位の沈線が3条ずつ施されるものや，後頭部から胴上部にかけて渦巻状の沈線がめぐるものがある。いずれも同時期の土器の文様に通じるものがある。同じように堀之内2式期のものには，筒形を呈する胴部下端の裾まわりに三角形を基調とする沈線文がめぐるものがある。また筒形土偶の胴部は，中空土偶と同じように空洞になるものが普通であるが，堀之内1式期のものには，口から胴中部まで細い穴があけられ，それ以下の胴下部の内側が深くくり抜かれるものもある。

2　筒形土偶の出土例とその時期

　筒形土偶は，植木弘氏によって集成されたものがある[1]。これには新潟県1点，長野県2点，群馬県5点，埼玉県4点，栃木県2点，茨城県5点，千葉県1点，神奈川県5点の8県から出土した25点が集成されている。このほかに神奈川県に筒形土偶の顔面部と思われるものが3点あり合計28点となるが，植木氏の集成には中実のもの1点（茨城県）と，後述する丸棒状を呈するもので，筒形土偶の範疇に入るものか否か若干疑問の残るもの4点（埼玉県1，群馬県1，栃木県1，新潟県1）も含まれている。これらを除くと7県23点ということになるが，いずれにしても出土例は30個体未満と大変少なく，地域的にも中部地方の一部から関東地方に限られている。また，時期的に確定できるものをみると，堀之内1式期と2式期のものであり，後期前半の短い期間内に製作・使用されたものと考えることができる。

　以上のように筒形土偶は，縄文時代の土偶の中でも出土例の少ないもので，地域的にも時期的にも限られたものということができよう。

3　筒形土偶の出自・系統および特徴

　筒形土偶の出自，系統については二つの考え方がある。ひとつは，野口義麿氏に代表されるもので，中期前半の勝坂式期にみられる円錐状土偶を祖源とするものである[2,3]。円錐状土偶については，小野正文氏による集成と論考があるが[4]，勝坂式期に山梨県や東京都西部および勝坂式の影響をうけた北陸方面に出土例があるもので，筒形土偶と同じように頸部以下が円筒形ないしは円錐形に作られ，胴部が空洞になるものである。野口氏は，円錐状土偶は筒形土偶へ発達していく形態的な要素をもっていると指摘し，水野正好氏は，この類いの土偶を筒形土偶の先駆けをなすものとしている[5]。

　円錐状土偶と筒形土偶とは，形態的によく近似しているのであるが，時期的にみると中期前半の勝坂式期と後期前半の堀之内式期であり，小林達雄氏が指摘するように，この間の長い期間を埋めることができない[6]。永峯光一氏は，円錐状土偶と筒形土偶とは無関係の系統に属するとされ[7]，小野正文氏も先の論考で，両者の中に形態的に極めて近似するものがあることを認めた上で，関連性のないまま，それぞれの時期に独自に発想・製作されたものと思われるとしている。

　両者の出土状況をみると，筒形土偶は，円錐状土偶の検出例の多い山梨県や，その出土例がある東京都西部や北陸地方からは出土していない。このことは，分布域に明確な差異があることを示すものであり，両者のつながりの薄いことを表わしているものといえよう。

　筒形土偶の出自・系統に関するいまひとつの考え方は，筒形土偶と同じように手足が省略され，全体の形が丸棒状を呈する特殊な形態の土偶をその祖形と考えるものである。能登健氏[8]や植木弘氏[1]はこれを筒形土偶の最古段階のものとしてい

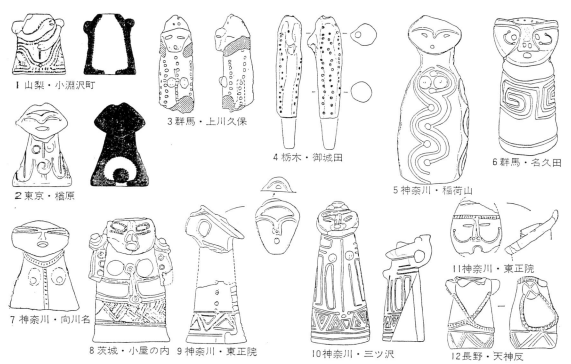

円錐状土偶（1・2），丸棒状の土偶（3・4）と筒形土偶（5〜12）（縮尺不同，註1，4より）

る。時期的には後期初頭から堀之内1式期のものと考えられているが，確定できるものはない。筒形土偶と共通する点としては，手足が省略され，全体が円柱状を呈すること，体部に縦位方向の円形刺突文が数条施されることなどがある。また近似する点としては，中空ではなく中実であるが，体部に細い穴が穿たれることがある。しかし，筒形土偶に共通する頸部以下が太い円柱状を呈し安定感があり，座りが良くそれ自体で立つもので，顔面部が斜め上を向くという点は異なっている。丸棒状の土偶は，下半部を欠損するものが多いが全体的には細長く不安定であり，それ自体で立つものとは思われず，顔面は横を向くのである。
この異なる点が，筒形土偶の性格あるいは使われ方を考えた場合，重要なポイントになると考えられる。この土偶の具体的な使用法を明らかにし得ないまでも，その共通する形態から，ものの上に立てて置き，上向きとなる筒形土偶の顔と縄文人とが対峙する場面が想定されるのである。数多い縄文土偶のなかでも，それ自体で立つものはそう多くないのであるが，立てることを意識したものは，ハート形土偶や有脚立体土偶のように不自然なほど足を大きく作り，安定感を持たせているのである。このように考えてみると，先の丸棒状の土偶は，筒形土偶と区別されるべきものということができる。

以上のように筒形土偶の個性・特徴について述べることはできるが，出自・系統については，不明瞭な点がある。このことは，堀之内式期という短期間内に中部地方の一部から関東地方という限られた地域で用いられた，特殊な土偶であることと無関係ではないだろう。

註
1) 植木　弘「東日本の後期前半における3形式の土偶」土偶とその情報研究会　発表資料，1988
2) 野口義麿「土偶の変遷」『土偶・装身具』日本原始美術2，講談社，1964
3) 野口義麿「土偶の変遷」『土偶芸術と信仰』古代史発掘3，講談社，1974
4) 小野正文「所謂円錐形土偶について」『研究紀要』2，山梨県立考古博物館，1985
5) 水野正好『土偶』日本の原始美術5，講談社，1979
6) 小林達雄「土偶」『土偶　埴輪』日本陶磁全集3，中央公論社，1977
7) 永峯光一「土偶の系譜」『土偶　埴輪』日本原始美術大系3，講談社，1977
8) 能登　健「土偶」『縄文文化の研究』9，雄山閣出版，1983

●地域的なあり方●

山形土偶

茨城県立歴史館
■ 瓦吹　堅
（かわらぶき・けん）

山形土偶は古い段階には霞ケ浦沿岸に多く分布するが，次の段階には
周辺部へも伝播し，さらに関東全域から中部地方にまで影響を及ぼす

　頭部が略三角形の形状をとる土偶に「山形土偶」という名称を与えたのは高橋健自である[1]。このような形状の土偶の発見は古く，坪井正五郎らによってはじめられた『東京人類学会雑誌』に各地から競うようによせられた出土品報告の中のとくに霞ケ浦沿岸に多くみられる。その当時，学界的な動向の主流は人類・民族論争が支配的で，形態分類も若林勝邦[2]や大野延太郎[3]などの論究がみられるものの風俗的分類に走り，科学的分析あるいは根拠を欠くものであった。その後，日本考古学の流れが土器型式の編年研究に傾注していく中で，大場磐雄[4]，甲野勇[5]・中谷治宇二郎[6]らの土器型式と土偶の分布を考慮した分類がなされるようになった。土偶の形態的分類研究は土器編年研究の進捗とともに大きく進展し，江坂輝彌による土偶の集大成は年代的な体系の確立として評価されるものである[7]。さらに，山形土偶については小野美代子による形態変遷の試案がある[8]。

1　形態的特徴と変遷

　山形土偶の形態的特徴については，小野美代子が次のように概括している[9]。「加曽利B式土器に伴って山形土偶と呼ばれている土偶が作られるようになります。頭部の形が三角形で山の形をしているため山形土偶と呼ばれています。体部は，自然に外開きになっている腕，張り出した腰と膨らんだ腹部，大きく垂れさがったような乳房，自然に開いた足など，たいへん写実的につくられています。顔部は，あごの線を強調して表現され，眉から鼻にかけては，T字型の隆帯がつけられ，目や口も粘土をはりつけた上に刺突で表現されています。」さらに，土偶上半部の形状分類において，頭部の輪郭，眉および鼻の隆帯，顎の隆帯，後頭部の瘤状突起などからⅠ～Ⅳ段階の変遷が辿れるとしている。この山形土偶の変遷については変遷模式図が提示されているだけで実物資料は示されず，また上半身に限ったものであるため今後の検討が必要であるが，山形土偶の形態的特徴については前述の引用した内容が妥当と考える。

　本稿では，改めて利根川下流域とくに霞ケ浦沿岸地域の山形土偶の形状から，そのおおまかな変遷についてみてみたい。なかでも椎塚貝塚や福田貝塚からは100点以上の山形土偶が出土しており，江坂は後期初頭と加曽利B式の段階ではその生活環境にかなりの変化があったことを指摘している。

　山形土偶の古い段階は，茨城県椎塚貝塚例（図1・2）などがあげられる。形態的特徴は，頭部がいわゆる山形や楕円形の形状を示し，両腕はやや開きながら下げ，手先部を外へ開いた形をとる。胸部には豊満な乳房が付けられ，その中央から膨らんだ腹部中央まで刻みのある隆帯が垂下している。胴部はそれほどくびれず腹部は大きく膨らんでいるが腰部はあまり張らない。腹部中央にボタン状の粘土貼付がみられるものもある。両足はやや開いているが直線的であり，爪先を表現している。顔面部にはT字型に眉と鼻が付けられ，目・口は粘土粒の貼付である。また，両側面から顎を表わすような隆帯も特徴の1つであるが，曲線的に貼付されている。後頭部中央には瘤状の突起がみられ，顔面部および後頭部に沈線が施文されているものが多い。土偶全体の文様は沈線構成がほとんどで，腹部の横位の沈線を中心に鋸歯状や弧状の沈線が表現される。また，縄文施文がみられないのも特徴の1つであり，ふくらみのある立像形を呈している。

　次の段階には古い段階の形状を簡略化する傾向がみられる。もっとも特徴的なのは縄文施文の盛行であり，若干時間差も考えられるが，茨城県福田貝塚例（図3・4）や椎塚貝塚例（図5）などに代表される。この段階には霞ケ浦沿岸部から周辺部へも山形土偶の様式が伝播し，茨城県北部の丘陵地域などでは山形土偶の形状を残しながらもやや異なる形状の土偶が展開する。この地域では，竹管刺突文が多用され，茨城県金洗沢遺跡例（図6・7）のように膝部に粘土突起が付けられるのが特徴であり，栃木県内にも分布が認められる[10]。

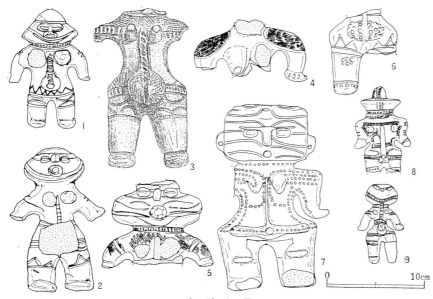

山形土偶

山形土偶の新しい段階はかろうじてその形状を残存させながらも省略化した土偶や異形の土偶が作られ，文様構成も雑で全体的に扁平になる傾向が窺える。このような形状の土偶は霞ヶ浦沿岸地域の周辺部にみられ，とくに茨城県立木貝塚の土偶に多くの例が知られている。また最終段階には福田貝塚例（図8・9）などが位置づけられると考えられ，両者の全体的な文様構成は極めて類似し，いわゆる木菟（みみづく）土偶へと変遷するのであろう。

山形土偶の概略的な変遷をのべてきたが，この形状の土偶はほとんどが中実土偶である。しかし，『人類学写真集　石器時代土偶ノ部』（1905）の第13版として報告されている椎塚貝塚出土の顔面を欠く現高17 cmほどの土偶は，「内部ハ空洞ナリ」と記され，このような中空土偶は山形土偶の中心地帯である霞ヶ浦沿岸だけにみられる傾向であり，それも古い段階だけに存在する。また，数多い山形土偶の分類からみると，小野が試みたような頭部形状だけの分類では山形土偶の変遷は明確には把握できない。

2　分布

分布についてはすでに述べられているが，古い段階には利根川下流域とくに霞ヶ浦南西岸地区に多く，椎塚貝塚が特徴的である。さらに次の段階では霞ヶ浦沿岸では爆発的に数が増加し，周辺部へも伝播する。福島県湯野出土の頬杖をつく土偶もこの範疇に入り，さらに岩手県萪内（しだない）遺跡出土例の中にも頭部形状は多少異なるが山形土偶の文様構成を示したものが含まれている。関東地方の茨城・千葉県は勿論のこと栃木県内にも多く分布し，群馬・神奈川県では量的に少ない。そのほか，中部から北陸にはわずかながら分布している。

山形土偶の各段階の分布についてみれば，霞ヶ浦沿岸地域の中でも古い段階の中心は椎塚貝塚であり，次の段階や新しい段階の山形土偶はほとんどみられない。しかし，次の段階になると量的には福田貝塚がきわめて多く，中心が椎塚貝塚から福田貝塚への移動が窺える。この段階になると，周辺地域においても多くの山形土偶が検出され，金洗沢遺跡などはその好例である。さらに新しい段階においては，立木貝塚のように枠外部に山形様式の残存した形状で中心部が移るようであり，それぞれの地域で山形土偶を多量に出土する中心的な遺跡が存在することが指摘できる。

註
1) 高橋健自『考古学』聚精堂，1913
2) 若林勝邦「貝塚土偶ニ就テ」東京人類学会雑誌，6—61，1891
3) 大野雲外「石器時代土偶系統品と模様の変化に就て」東京人類学会雑誌，16—184，1901
4) 大場磐雄「土偶に関する二・三の考察」国学院雑誌，32—5，1926
5) 甲野　勇「日本石器時代土偶概説」『日本原始工芸概説』1928
6) 中谷治宇二郎「土偶汎論」『日本石器時代提要』岡書院，1929
7) 江坂輝彌『土偶』校倉書房，1960
8) 小野美代子「加曽利B式期の土偶について」土曜考古，4，1981
9) 小野美代子『土偶の知識』東京美術，1984
10) 上野修一「北関東地方における後・晩期土偶の変遷について（上）―栃木県藤岡町後藤遺跡出土土偶を中心として―」栃木県立博物館紀要，6，1989

●地域的なあり方●

みみずく土偶

多摩市教育委員会
■ 山崎 和巳
（やまざき・かずみ）

みみずく土偶は安行1式から安行3b式ころまで東関東を中心
に局地的に分布し，安行式土器様式圏を越えることはなかった

「石器時代土偶の中に一種みゝづくの様な顔付きのものが有りまして」[1]とは，明治39年，坪井正五郎博士により学界に発表された雑報の一節である。以来，みみずく土偶はその独特な容貌により，ニックネーム的にこの名称が与えられ，通称名として今日に至っている。その後，土器編年網の整備とともに，土偶の全国規模の年代的分析が急速に進められ，江坂輝彌[2]によりみみずく土偶も，土器様式との対比や分布などが具体的に示された。最近では，鷹野光行[3]，鈴木正博[4]らの研究がある。

1 基本形態と特徴

基本的つくりは，山形土偶のプロポーションを引き継ぎ，板状に近い。頭部には結髪を表現したような装飾的な突起がつけられる。顔の輪郭は隆帯で円形やハート形に囲み，目・口をボタン状の貼付で表現するのを最も特徴とする。耳も最盛期には目・口同様の表現方法をとる。体部は肩が張り，両腕を横に張り出し下方に向け，細く括れた短い胴から腰が張り出し，足先が細くなる。さらに，腕や肩部から腹部中央の臍状突起部にV字状の隆帯が施されるのが特徴である。全体に各部位のアクセントが強く，デフォルメされている。

みみずく土偶の形態については，最も特徴的で，強調される頭部装飾を基本にしてみると，大きく二つに類型化できる。

I類 頭頂部に数個の突起が並列状に施され，額や後頭部に突出部がみられるもの。本類は突起形状から，さらに三種に分けられる。

Ia類：小さな突起や突出が見られる程度で，頭頂部装飾が未発達なもの（図1）。山形土偶の面影が窺われるものも多い。

Ib類：3箇所ほどに丸味を帯びた偏平な突起（平板装飾）[4]が施される類（図2）。

Ic類：3箇所ほどの山形の立体的突起（立体装飾）[4]が施される類（図3・4）。

II類 頭部装飾が左右に二分割される類。冠状に上へ広がるもの（図5）と，三角形（山形）状

でやや平板的なもの（図6）がある。

2 遺存部位

遺存部位の総括的な分析はなされていないが，茨城県新宿遺跡例（図4），御所内遺跡例，栃木県後藤遺跡例（図7）のように，完形品の出土が数例見られることがとくに注意される。また，欠損が小部分にとどまる例の存在も併せてみると，完形品の出土が稀な「土偶」にあって特筆すべき点であり，本土偶の赤色塗彩との関係とともに，みみずく土偶の個性的なあり方ともみられるかもしれない。

3 赤色塗彩

明治39年に坪井正五郎博士もすでに述べている[5]が，みみずく土偶には赤色塗彩が施された例が多く見られるのも特徴的である。分布域全域に見られ，時期も後期後葉から晩期前葉まで一貫して確認される。赤色部位は全身から，破片各部位まであるが，もともとは全体に塗彩されたものと部分的にその痕跡を残すものとの区別は困難である。なお，とくに千葉県祇園原貝塚例のように，割れ口に塗彩が認められるものもあり注目される。

4 変遷と時期

みみずく土偶の変遷と時期に関しては，前述の諸氏の他，野口義麿[6]，川崎純徳[7]らがふれている。筆者も，本土偶の変遷については，安行1式～安行3b式期において，4段階程度の変遷が辿れるものと考える。前述の頭部装飾を基本とした類型では，概ねIa類→Ib類→Ic類→II類という変遷が辿られる。

さらに各部位をみると，目・口の表現は，円形貼付文（図1・2）から環状貼付文（図3）へ変化する。そして，口は新しい段階には貼付文が省略化されてくる（図5・6）。耳部は，穿孔表現（図1）から円形貼付文へと変化し（図2），耳飾状表現も多出する。鼻部は，顔面輪郭隆帯の延長や小さな貼付文からより明確化していく。顔の輪郭は，円形やハート形から徐々に楕円形に変化していく。

顔の大きさも，古い段階（Ia・Ib類）では小さ

みみずく土偶の類型と変遷（2・3・6は写真トレース）

く，頭部全体の比率では，3頭身的であったものが，新しくなると2頭身前後となる。臍部については，円板貼付→環状貼付→沈線表出の変化が言われている[7]。胸部では，隆帯や沈線による正中線状の表出は，比較的古い段階の要素と思われる。

脚部は，新しくなるにつれて，徐々にO脚状を呈する。施文手法などでは，胸部のV字状隆帯上の施文が，線刻文から太線刻文へと変化すると指摘されている[4]。体部では，縄文や帯縄文から，磨消縄文が多用されるようになる。晩期になると，背面に三叉文，入組文などが表出され，全体的に終末のものは崩弛してくる。

時期については，従来，後期後葉安行1式から晩期初頭の安行3a式頃まで行なわれ，その盛行期は安行2式と考えられてきた。しかし，近年，晩期の発掘事例の増加とともに，土器型式との整合性から，晩期初頭の資料も多く知られ，安行3b式（図8）やそれ以降と考えられるものも指摘されている。このため，鷹野が指摘したように[3]，従来考えられていたよりも新しい時期までみみずく土偶は残ることは確実である。また，「安行2式段階のものは意外に少ない」[4]という鈴木の指摘も含めて，今後，型式学的に時期を再検討する必要があろう。

5 分　布

地域的なあり方を概観すると，中心地域である東関東の茨城，千葉県では，立木貝塚，余山貝塚のように，一遺跡で多数発見される遺跡も見られる。とくに千葉県では，後期中葉の山形土偶と後葉のみみずく土偶で，県内出土土偶の2/3を上回るとされている（堀越，1980）。また，新しい段階になると，中心地域でも茨城県では県北部御所内遺跡，千葉県では県南部富士見台遺跡のように分布がやや周辺に広がる傾向をみせる。埼玉県も主要分布域の一つで，県東部から北部の荒川流域に集中している。とくに県北部では，最近，ささら遺跡，赤城遺跡で晩期の資料が纏って出土している。北関東の栃木，群馬県では，両県とも数遺跡のみで，しかも県南部に分布している。時期も晩期のものである。

西関東では，東京都2遺跡，神奈川県1遺跡のみの出土である。晩期初頭から中葉のもので，そのあり方は客体的である。

その他，中部，信越，東海からの出土はほとんど見られない。なお，既知の愛知県麻生田当見貝塚遺跡例が現在でも最遠隔地の出土例であろう。これが地元で作られたものか，関東方面からの招来品であるのか，にわかには判断のつきかねるところである。いずれにしても，東関東を中心に局地的に行なわれ，「安行式土器様式圏から外出の気配はみられない」[8]ようで，今後も大きな変更はないと考えられる。そして，そのあり方は，関東地方の晩期前葉の主体的土偶の一つとしても位置付けられるものである。

註
1) 坪井正五郎「假稱みゝづく土偶の全形」東京人類学会雑誌，22―247，1906
2) 江坂輝彌『土偶』校倉書房，1960
3) 鷹野光行「安行の土偶覚書」歴史公論，9―9，1983
4) 鈴木正博「安行式土偶研究の基礎」古代，87，1989
5) 坪井正五郎「常陸飯出貝塚発見の所謂有髯土偶と其類品」東京人類学会雑誌，21―246，1906
6) 江坂輝彌・野口義麿『古代史発掘3』講談社，1974
7) 川崎純徳「安行式土偶に関する覚がき（1）」常総台地，13，1985
8) 小林達雄・亀井正道『土偶・埴輪』日本陶磁全集3，中央公論社，1979

●地域的なあり方●

遮光器土偶

青森県教育委員会
■ 鈴木克彦
（すずき・かつひこ）

晩期に広域な分布圏をもつ遮光器土偶は抽象土偶などと併存する
関係にあり，亀ヶ岡文化の宗教的遺物の多重構造がみとめられる

1 分布と特徴

縄文晩期の前半期に北海道南部から近畿地方（神戸市篠原中町遺跡）まで広域に分布する遮光器土偶は，東北地方の亀ヶ岡文化の中で作られた。人形として精巧に作られ，遮光器型の独特な眼部の表現は岩偶，岩版，土版，土面など，同じ時期のさまざまな宗教的遺物に援用されて亀ヶ岡文化並びにその宗教体系のシンボルとなっている（鈴木1987）。

遮光器型の眼部は，楕円形の区画中央に横一線を引くことを最大の特徴とし，その名称の由来もこの点にある。しかし，この手法は所謂遮光器土偶の前後に相当する土偶にもみられるので，晩期に突然出現し消失したものではない。そうした眼部の表現方法の他に，頭頂部の形態，鼻口部の状態，腰部の模様などに幾つかの特徴がある。また，中実と中空並びに板状の区別があり，あるいは写実的なもの，動作を表わした屈折像土偶などにも表現される。

八戸市是川中居遺跡の例をみると，中実と中空の比は概ね4対6であったが，典型的な遮光器土偶ではより古手の時期（大洞B式）に中実，盛行期（大洞B2～BC式）に中空となる傾向がある。概ね中空のものがより大形（高さ20cm以上）に作られる。それは，製作上の理由や芸術性を指向した所産と解されるが，超大形（高さ30cm以上）の土偶も含めて遮光器土偶に代表される宗教的遺物を（多量に）出土する遺跡，しない遺跡（持てる遺跡，持たざる遺跡。鈴木1978）の構造的な違いを背景に考える必要があると思う。

2 遮光器土偶の変遷

遮光器土偶の変遷（編年）は，その体部文様に亀ヶ岡式土器と同じ文様が施文されていることが多いので，その型式に対応させて分類することができる。しかし，その土偶にも幾つかのタイプがあるので，類型化した上で土器型式との共伴関係を発掘で検証する方向に向うべきであろう。

遮光器土偶の出自には後期末の土偶が深く係わっており，その特徴的な眼部の表現をそこに見い出すことができるので，その手法は晩期に突然生まれたものでないことがわかる。逆に，晩期初頭の土偶にも後期的な手法が残存する場合もある。基本的には後期末の土偶に一般的な粘土を貼りつけた団子目の膨隆した眼部に横位に刻目状の沈線を横に入れたものから発してその外周を沈線でなぞると遮光器型の原型ができる。これに後・晩期の境目に出土する細長い切れ目の写実的な土偶の眼部の特徴が介在し，一段と従前に較べて眼部とくに横一線が強調される。この段階までは頭頂部の形態，突出した腹部，腰部の模様など後期的な諸要素を受け継いだ形をとり，そういった折衷型の中に遮光器土偶が出現する。さらに，岩偶あるいは岩版の眼部の表現法が影響して決定的になったものと推考される。と同時に，体部が中実，あるいは頭部のみ中空の遮光器土偶が完成する。

こうした変遷は，施文される文様の上からも裏づけられる。背文様の縦位入組文が後期末の系譜を引く古手の文様で，三叉文，渦文の単純な文様が施され，下腹部から腰部にかけて隆帯が付くようになる。このような大洞B1式期の土偶は，小型で中実のものが多い。

ところで，遮光器土偶の頭頂部の装飾について一般的に呼称される王冠型は，A型（烏帽子型），B型（輪型），C型（橋状型＝香炉型）に区分することができる。通常にいう王冠型は，C型のことを指す。一般的には中実の土偶にはA型，中空にはB型とC型が採用されるが，稀にC型の中実土偶も存在する。

遮光器土偶の典型的な姿が完成するのは，大洞B2式とBC1式期である。B2式期ではまだ中実土偶が主体を占め，BC式の古手の段階まで継続するが，磨消縄文を施す例がほとんどない。逆に，BC式期では中空土偶が目立って多くなり，磨消縄文の手法を多用する。

大洞B2式期の土偶には体部文様に三叉文ないし入組三叉文，x字文などが施文され，腹部に左

写実型　　　　亀ヶ岡型　　　中間型　　　　是川型

顔部の類型

右対称の渦（巻）文が施文される。この文様がデフォルメされて遮光器土偶の典型的な模様となって継続する。中実土偶が盛行し、これに入組三叉文と磨消縄文を駆使した装飾性の著しい中空土偶が伴う。製作や文様の上から芸術性が強く顔部全体が眼部で占められる遮光器土偶の典型は、この段階と大洞ＢＣ式期に盛行する。

八戸市是川中居遺跡、七戸町山屋Ⅱ遺跡から出土した大洞ＢＣ1式期の代表的な遮光器土偶は、変形羊歯状文を施文し、x字文、z字文あるいはk字文の磨消縄文で体部全体を構成している。同じく遮光器土偶として最も著名な木造町亀ヶ岡遺跡出土の大土偶は、大洞ＢＣ2式期のものである。これに後続するものが宮城県薬師山貝塚から出土した、大洞Ｃ1式期の大土偶である。この土偶の手部は、すでに矮少化しはじめている。

最後の遮光器土偶について、大洞Ｃ1式期までとみるかＣ2式期までとみるか、意見が分れるであろう。まず、大洞Ｃ2新式期には遮光器型はない。しかし、遮光器型の眼部はＣ2古式期までは残存する。最後の遮光器土偶は、脚部に較べて手部が著しく小形になり、乳房の状態もＣ2新式期の土偶に近くなってその独特な眼部も崩れてゆく。こうして遮光器土偶が終焉する。

3　亀ヶ岡文化の宗教体系

遮光器土偶には、体部に施文される文様の他に体のプロポーションに表われる変遷がある。年代が新しくなるにつれて女性的な丸味がとれて腰の横巾が広く開くようになり、足が太くなって逆に手と乳房が小さくなってゆく。腰部の文様帯も狭くなり、併行してパンツ模様がみられなくなる。遮光器型の眼部の張りも弱くなる。こういった変化の流れは、次の大洞Ｃ2新式期以降の著しく脚部の太い土偶に受け継がれるのである。

これに対し、個体差ともいうべき特徴がある。最も顕著なものが顔部の鼻口部の位置である。遮光器土偶の顔部には写実的なものもあるが、通常は両眼の間に鼻と口が抽象的に表現される。抽象型には、遮光部のライン上に口が付く亀ヶ岡型と鼻が作られる是川型、そして中間型のタイプがある（図参照）。中間型が少なく、亀ヶ岡型と是川型は4対6か同数位である。是川中居遺跡では各々のタイプが出土し、それぞれのタイプにとくに年代差や地域差がみられないが、これは製作者あるいは集団（集落）の特徴を示す何か意味のある造作表現ではないかと考えられる。

フリーハンドで作られる土偶にはうり二つのものがなく、文様や形態などの細部において個体差が多い。量産して交換、売買などの流通の対象物とは考えにくいので、優品な土偶、多数の土偶を出土する遺跡は、そこで作られた場合も少なくなかったと思うが、宗教的な遺物として寄り集う村によその村から持ち込まれた所産と考えられる。また、土偶の一生（出生—破壊—廃棄）が、出土した遺跡内にとどめられる運命であったなら、広範囲に発掘すれば破損した土偶を復元できる確率が高くてよいはずだが、多くは復元されることがない。意図的に壊した後は、元の姿に復することのないように分配、分散されたか、目的を終了した後に持ち帰られたことも考えられる。あるいはまた、元々、壊した部分を持ち寄ったことさえ考えられる。そして、完全な形で出土したり、完全に復元できた土偶は、出土した遺跡で作られ、使用されたものであろう。

亀ヶ岡文化の前半期には、遮光器土偶の他に、蛙頭の抽象土偶、定型化されない粗雑な土偶、超小形な土偶、あるいは写実的な土偶、動作を示す屈折像土偶などがある。中でも抽象土偶は、遮光器土偶と併行（存）する関係にある。同時期に何故、このような宗教的遺物の多重構造が存在するのか、亀ヶ岡文化の宗教体系の奥深さを改めて考えさせるものがある。

参考文献

鈴木克彦「亀ヶ岡文化の再構成」青森県考古学会会報、11、1978

鈴木克彦「亀ヶ岡文化圏の様相」月刊文化財、281、1987

サントリー美術館『土偶と土面』1969

八戸市博物館『土偶』1984

永峯光一「呪的形象としての土偶」『日本原始美術大系』3、1977

●地域的なあり方●

うずくまる土偶

福島県文化センター
■ 芳賀英一
（はが・えいいち）

うずくまる土偶は東北地方の広い地域にわたって共通した基盤
のもとに分布し，1遺跡からの出土数も極めて限定されている

1 土偶の形

「発生期土偶」と呼称される初期の板状を呈する
もの以来，一部の地域で弥生時代にまで残る土偶
は，これまでの100年余りの長い研究により地方
や時代によってさまざまな形のものがあって，さ
らにそれぞれのまとまりを示すことが明らかにな
っている。これらの縄文時代の土偶には，その形
から板状土偶，筒形中空土偶，山形土偶，遮光器
土偶などの呼称がある。土偶の顔および下半身の
表現は，中期から明確になり，後期・晩期に至り
各種の発達をみせる。ただしそれらの顔には，まれ
に仮面をつけた様子を表現するものがあるが，喜
怒哀楽を浮かべるものはほとんどない。下半身に
ついても足を伸ばしたり，大きく開いたりして直
立の姿勢を原則とし，土偶の表情や動作によって
何かの行為を表現しているのはまれで，いわば無
表情かつ「静」の状態を示すのである。

こうした縄文時代の土偶の中で，中期の東京都
八王子市宮田遺跡の乳児を抱く土偶や石川県上山
田貝塚の子供を背負う土偶，東北地方の後期から
晩期にかけて青森県野面平遺跡，福島県上岡遺跡
例に代表されるうずくまる土偶のように，何らか
の「状態」を示す土偶がある。宮田遺跡の土偶の
場合は，乳児を膝の上に仰向けに抱き，頭を母親
の心臓側にして授乳か「あやし」の表現を思わせ
る。母親の心臓側に子供の頭を位置させることは
母親の心音を聞かせ伝えて，子供に精神的安定を
与えるという，まさに理にかなった育児の状態を
示している。しかし数多い縄文時代の土偶の中で
この宮田例などはきわめてまれな部類であり，そ
れだけ土偶のかたちそのものが自由奔放に作られ
ることがなかったのであろう。

2 屈折像土偶

うずくまる土偶については，これまで「腕を組
む土偶」，「立膝の土偶」「蹲居姿勢の土偶」とか
称されてきた。この種の土偶については大正時代
頃から注意されてきており，その特異なポーズか
ら「宗教的行事の一瞬時の姿態」[1]を示す土偶と

か，「呪術者のあるときの重要なポーズ」[2]，「休
息の姿勢，呪術中の姿や祖先神を意味する」[3]土
偶という解釈がなされてきている。

最近磯前順一[4]は，東北地方の縄文後・晩期の
四肢を屈曲させたうずくまる土偶に対して「屈折
像土偶」という名称を付し，詳しく論説してい
る。「屈折像土偶」という名称は，甲野 勇が「日
本石器時代土偶概説」[5]の中で分類した立像・座
像（半身像），屈折像の大別を評価し，「四肢を屈
曲させた形態をとるもの」と規定し，東北地方の
縄文後期から晩期中葉にみられる土偶の型式名と
して限定して用いるという。また屈折像土偶には
「腕を組み立膝をする土偶」（第1類），「手を下方
に降ろし膝を軽く屈曲させたもの」（第2類）の2
種類があり，第1類は，後期後半から晩期初頭，
あるいは前半にかけて，第2類は晩期前半の時期
に存在し，ともに東北地方に分布し青森県にその
中心があるという。従来からこの種の形態の土偶
が注意されていたのは，上岡遺跡や野面平遺跡例
のように後期後半の資料に限定されており，第1
類と第2類の中に先後関係を認め，さらに両者の
系統的連続性および屈折像土偶の地域差を明らか
にし，立像土偶との関係にも論述している点，高
い評価が下されよう。ただし分布については，現
状の分布状況が実体を如実に表わしているかどう
かは慎重な取り扱いをしなくてはならず，北上川
中流域を発生地として次第に東北地方北部全域に
広まっていくという磯前説については，興味深い
考えであるが，今後慎重に検討していかなくては
ならないであろう。

3 うずくまる土偶の形，性格

うずくまる土偶の形態的特色については，手足
の状態が立像や座像と異なっている点にある。図
に示した福島県上岡遺跡の土偶は高さ21.5cm ほ
どの比較的大形のものであるが，上肢は左胸で腕
を組み，下肢は両足とも立膝となっている。上岡
遺跡の土偶は，昭和27年の発掘調査の際出土した
もの[6]であり，共伴した遺物に乏しく時期決定に

福島県上岡遺跡のうずくまる土偶

苦慮するが，当時の報告の際にすでに腰部の鋸歯文と刺突文が関東地方の加曽利B式期の山形土偶と共通することが指摘されており，その後のこの地方の鋸歯文を有する土偶の検討などから，少なくとも加曽利B3式を中心とした前後の時期と考えて良いであろう。磯前の第1類，つまり後期後半から晩期前半にかけてのこの種の土偶は，上肢の形が，小野美代子によれば，上岡，野面平例のように「左腕でほおづえをつき，その左腕の上に右手がのっている形状のもの」，青森県羽黒平(はぐろたい)例，岩手県立石遺跡例のように「左右の腕が膝の上で交叉し腕を組んでいる状態」，青森県石神遺跡例のように「両腕を膝にのせ，正面で手のひらを合わせ合掌している」3つのタイプがある[3]という。後期後半におけるこうした上肢の形が晩期には省略化されるようになり，下肢の屈曲もゆるやかになっている。

うずくまる土偶の発生については，磯前によれば，岩手県立石や萪内(しだない)，日ノ戸遺跡例のように縄文後期前葉であるという。立石などの土偶は無文のものが多く，はたして後期前葉にまでさかのぼる資料なのか判断することがむずかしく，また立像の土偶の中から分化して出現したかどうかも同様である。ただし少なくとも後期後半には上岡，野面平両遺跡のように遠く離れていてもお互い共通した姿態でこの種の土偶がつくられたことは重要である。磯前はうずくまる土偶について31遺跡44例を集成しているが，東北地方の該期の土偶の主体として存在するのではなく，1遺跡から出土する数も1例もしくは数例にとどまり，極めて限定されている。しかし数の上ではともかく広い地域で共通した何かをもとに製作・使用されたことを明らかに示しているのである。

ところで，鈴木尚は彦崎貝塚例などの出土人骨を分析して，すねと足の甲の接触部に蹲居小面を生じているものがみられることから蹲居姿勢をとる生活をしていたと分析している[7]。このことからうずくまる土偶の姿勢は，縄文人の特別な姿を示すものというより，むしろ当時の生活状態に近い表現をとる極めてまれな土偶のひとつと考えることもできる。ただし，初期の段階で上肢の状態が腕を組んだり，手を合わせたりして確立した状態で表現され，それが変化をとげながらも晩期に至るまで系譜をたどることから，たんに生活の姿勢を表現したというより，少なくとも何か特別な強い目的——宗教的，精神的，心理的な意味を併せ有するものであったと考えられる。

註
1) 江坂輝彌「座した姿の土偶」大和文華，34，1961
2) 野口義麿『日本原始美術2 土偶・装身具』1964
3) 小野美代子『土偶の知識』1984
4) 磯前順一「『屈折像土偶』について」考古学雑誌，72-3，1987
5) 甲野 勇「日本石器時代土偶概説」『日本原始工芸概説』1928
6) 目黒吉明ほか『上岡遺跡』1953
7) 鈴木 尚「骨から見た縄文人」『日本美術』189，1982

●地域的なあり方●

有髯土偶

国立歴史民俗博物館
■ 設楽博己
（したら・ひろみ）

有髯土偶は，縄文晩期終末から弥生時代初頭にかけて中部，関東地方から南東北地方に分布した土偶である

1 有髯土偶とは

有髯土偶は，一般的に，円形，楕円形，扇形の顔面で，眉と鼻がＴ字形に連結して隆起しているものが多く，目，口がえぐられている。そして，額，眉の下，頬，口の周辺などに，細線による数条の沈線を左右対称に施すのを大きな特徴とする土偶である[1]。この沈線文は，終末のものでは，目や鼻などとともに省略されることもある。

縄文中〜晩期には，頬に「ダブル・ハの字文様」と呼ばれる，二本の沈線を施した土偶が知られているが，これらは，たとえばミミズク土偶など，別の類型の土偶であり，有髯土偶には含めない。顔面の沈線表現が，それ以前のものにくらべて，格段に複雑化した一群とその系譜下にあるものを，有髯土偶とする。いまのところ，栃木・後藤例（図１－１）を初出と考える。

こうした顔面の沈線文は，長い間，一定の様式でさまざまな種類の土偶につけられた。また，そうした土偶は広い範囲に分布しているので，この沈線をイレズミの表現とする考えもある。有髯土偶の沈線文は，ダブル・ハの字文様が複雑化したものだという解釈[2]を妥当なものだとすれば，縄文晩期後半にそうした現象がみられることは，はなはだ興味深い。

有髯土偶とは，そもそも，ヒゲのある土偶という意味でつけられた名称である。しかし，これがイレズミを表現したものであるとするならば，この名称は不適当である。黥面土偶[3]の呼称の方が，あるいは適当かもしれない。

2 有髯土偶の分類

頭部の形態によって有髯土偶を四類に分ける。

Ⅰ類：顎のややとがった，卵形の顔面で，斜にのびた頸に，頭部が接合する形態（図１－１・２）。

Ⅱ類：顔面は円形，もしくは小判形で，顔面が後頭部から溝で区画されて突出し，仮面をつけたような表現をとるもの（図１－３〜５・８）。

Ⅲ類：頭頂部から後頭部に隆起帯をもつ類型で，正面から見ると，クリの実のような形態のもの（図１－６）。

Ⅳ類：顔面は突出せず，扇形，隅丸方形の扁平

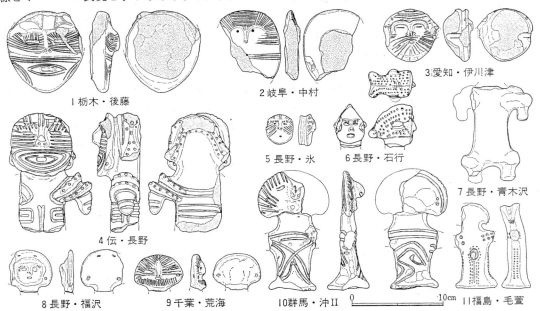

図１　有髯土偶集成

図2 有髻土偶の分布

な頭部をもつもの（図1−9〜11）。

体部の形態は、手足をもつもの（図1−7）と、足が省略され、裾広がりの安定した脚部をもつもの（図1−10〜11）とに分けられる。前者を a 類、後者を b 類とする。

3 分布と変遷

有髻土偶は、東海地方西部から、東北地方南部にまでわたる広い分布を示す。これは、縄文晩期終末の、浮線文土器群の主体の分布範囲、および樫王式土器の分布範囲と重なる（図2）。しかし、これにも地域差がある。Ⅰ類は、下野、上総、美濃地方に分布する。Ⅱ類は、信濃地方を中心に、三河、越後地方にまで分布する。Ⅲ類は、信濃、三河、尾張地方に分布する。Ⅳ類は、上野、下総、奥羽地方南部に分布する。

有髻土偶の変遷を三期に分けて考える。

Ⅰ期：浮線網状文土器の時期以前。Ⅰ類が主体を占める。後藤例は、額の三叉文と遺跡継続時期から、安行3c〜3d式に比定される。岐阜・北裏例は、出土土器から西之山〜五貫森式という編年的位置が与えられる。

Ⅱ期：浮線網状文土器の時期。馬見塚、樫王式、大洞A〜A′式並行期である。分布が拡大し、愛知・伊川津例（図1−3）、長野・氷例（5）など、有髻土偶の典型的な例が確立する。Ⅰ類から

Ⅳ類まで出そろう。Ⅱ類の中には、後頭部が翼状に張り出す例が認められる（4）。

Ⅰ期、Ⅱ期の有髻土偶の体部は、a類が知られている。萎縮してはいるが、手足がつく。乳房をもつものはⅠ類に限られるようである[4]。Ⅱ〜Ⅳ類には板状の胴部がつく。これらは肩に二段の隆起をもつが、乳房はない。

Ⅲ期：浮線網状文土器の時期以降。Ⅰ・Ⅲ類の確実な例はない。Ⅱ類では、顔の条線の文様化、省略化などが指摘できる。長野・福沢例（8）などのように、後頭部が光背状に発達するのもこの時期である。Ⅳ類が、関東地方以東に散見される。

この時期、足の省略された体部b類が出現する。これは乳房も欠落している。群馬・沖Ⅱ例（10）は、数少ない、ほぼ完形の資料である。この系統の土偶は、顔面表現を失って、東北地方南部の弥生Ⅱ期にまで存続する（11）。

4 土偶の変貌

有髻土偶は、Ⅱ期以降、土壙から出土する例が増加し、Ⅲ期にその傾向は顕著になる。Ⅲ期には、中部地方を中心として土偶形容器が出現する。この土偶形容器は、足がなく、裾広がりで、安定した脚部をもつ。頭部が開口した中空の作りで、小児骨の再葬に用いられた。この土偶形容器と有髻土偶とは、形態的にも、顔面表現のうえでも密接な関係にあり、再葬にからんだ死をめぐる儀礼に、土偶が取り込まれていった可能性を考えさせる。

それ以前のように、遺跡から多量に出土することもなく、乳房の表現という、縄文土偶に一貫してみることのできた、母性表現が失われている。有髻土偶は、縄文時代の土偶の性格が、変貌をきたしていることを示すものとして重要である。

註
1) 荒巻 実・設楽博己「有髻土偶小考」考古学雑誌、71−1、1〜22頁、1985
2) 高山 純『縄文人の入墨』24〜31頁、講談社、1969
3) 永峯光一「呪的形象としての土偶」『日本原始美術大系』3、155〜171頁、講談社、1977
4) 前田清彦「縄文晩期終末期における土偶の変容」三河考古、創刊号、9〜23頁、1988

●地域的なあり方●

x 字形土偶

岩手県立博物館
熊谷 常正
（くまがい・つねまさ）

東北北部に集中して分布し抽象化した土偶とされる x 字形土偶は大
洞 B-C 式あるいは C_1 式段階の板状土偶と密接な関係を有している

亀ガ岡文化には，多様な土偶が存在する。これに対し林謙作は「亀ガ岡文化論」(1976) のなかで，亀ケ岡文化の集団内では土偶は構造的に所有されており，「遮光器土偶のかたちをとらない土偶」も土偶の基本的セットとして捉えるべきとした。ここでは，この遮光器土偶以外の土偶のなかの，x 字形土偶をとりあげ，概述してみたい。

土偶分類の基本を確立したといえる甲野勇の「日本石器時代土偶概説」(1928) では，x 字形土偶を略式土偶と呼称している。そして「首部の外形のみは明確に表現されて居るが，顔面部を省略して居る」，また，遮光器土偶に代表される C 類土偶の文様が，「体部両側より弧線をシンメトルカルに引く事に依つて生じた，x 字状文様が隆盛を極めている。此等の文様は極度に発達し，遂には，全形態を支配して了ふ様な場合もある」として，何例かの x 字形土偶を紹介している。おそらく x 字形土偶の名称もこのなかにルーツを見出せよう。

x 字形土偶を，通常の土偶の省略形とすることは，江坂輝彌の『土偶』(1960) にも受け継がれ，「抽象的な小土偶」として数点紹介されている。その後，東北地方の土偶研究は，遮光器土偶を中心に展開されたが，前述の林の「亀ケ岡文化論」以降，遮光器土偶以外の研究も行なわれ出す。なかでも磯前順一や金子昭彦らにより，今後の方向性がうかがわれる。

1 形 態

x 字形土偶は，遮光器土偶に比べ小形で，10 cm を越す例はなく，4〜6 cm 程度のものが多い。中空土偶も見られない。基本的には頭部・胴部・腕部・脚部など土偶の形態的要素は一通り揃っている。名称の通り胴部がくびれ，腕部と脚部が横に張り出すため，全体の形状が x 字形をとり，左右対称となる。

それぞれの部位の特徴を記すと，まず頭部は両端が突出する二山状の小突起で表現される。顔面は省略されることが多いが，なかには眼や口を表

現するものが数例存在する。青森県明戸遺跡例（6）は，横長の眼が沈線で描かれ，その間に口もつく。他の資料の眼も横長が多く，遮光器土偶と類似した表現といえる。また，顔の側面観は，前方に突出することもある（13，24）。

脚部と腕部は同様な表現によって作出される。多くの場合，胴部とは沈線や隆起させることで区画する。その先端には刻みや抉り状の凹みが施されるのが一般的である。12，13，17，18 などの脚部は，この凹みを境に，上が腰，下が脚と分かれた表現形態となる。

胴部前面では，乳房を持つものが多く，31 点を数える。体形に沿って，稜線が付くものがあり（10〜15），胴部中軸や頸部に刺突列や刻目を施す例もある。背面は相対する三角形の模様が描かれるのが一般的である。

遮光器土偶などに比べ，装飾性には欠ける。ただし，蒔前遺跡例（1）や滝端遺跡例（4）など，板状土偶に近似した比較的大形の x 字形土偶には，雲形文の一種が施される。13 や 16 には，部分的ではあるが朱彩された痕跡が見られ，遮光器土偶との関係が注目される。

完形あるいは完形に近い資料が多いのも特徴である。その割合はおよそ 10％ で，さらに頭部の一部とか，手足の先端部のみを欠損する例を加えるとこの割合は増す。欠損資料には頭部を欠くものが 13 例と最も多く，半欠の資料は確認できたのは 1 点のみで（地方遺跡例），胴部が破損する例も少ない。これは，絶対数の不足と，小形・中実という性格が関係しているのはいうまでもないが，遮光器土偶のあり方とは好対照をなしている。

2 分 類

筆者が収集した資料はわずかであって，到底正確な分類などできる量ではないが，一応，比較的大形で体部が板状に近いもの【A】(1〜9) と，小形で体部が左右の手足から繋がる稜線などで作出され，胴部断面が三角形に近いもの【B】(10〜24) とに区分した。ただ，形態的にはすべてが x 字

各地出土のx字形土偶

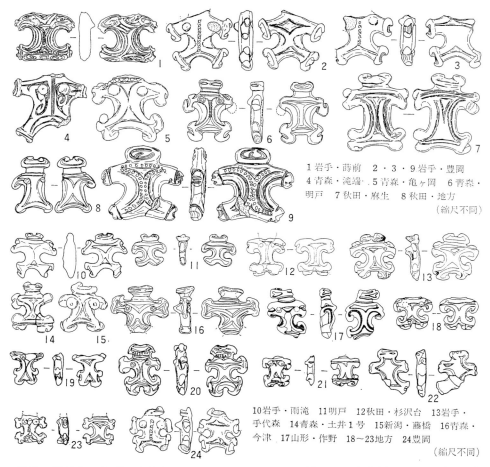

1 岩手・蒔前　2・3・9 岩手・豊岡
4 青森・滝端　5 青森・亀ヶ岡　6 青森・明戸　7 秋田・麻生　8 秋田・地方
（縮尺不同）

10 岩手・雨滝　11 明戸　12 秋田・杉沢台　13 岩手・手代森　14 青森・土井1号　15 新潟・藤橋　16 青森・今津　17 山形・作野　18～23 地方　24 豊岡
（縮尺不同）

のため，細分は微妙といわざるをえない。
　例えば脚部が横ないし上向きになるもので，側面がC字状になるものや，脚部が下向きになるものなどがある。あまり判然とはしないが，前者はBタイプに多く，後者はAタイプに多い傾向が窺える。ほとんどの資料に見られる背面の三角形模様は，上下が連結するものと，相対し独立して描かれるものがあるが，前者の量が極端に少なくA・B両者の明確な差は把握できない。
　x字形土偶を特徴づける脚部の表現に着目し，その先端部の刻みによって，脚部と腰部とが独立したような表現のものと，分化がないものとに区分しても，やはり判然とはしない。胴部の刺突の有無で，Aタイプには刺突を有するのが多いのに対し，Bタイプでは逆に刺突を欠くものが卓越する傾向がある。

3　分布と出土状況

　x字形土偶の分布を大まかに述べるなら，太平洋側にあっては北上川中流域北部が南限とみられるのに対し，日本海側では，山形県や新潟県内の遺跡からも出土している。ただ，集中地域としては，東北地方北部であり，とくに馬淵川・岩木川・米代川などの流域に集中する。北海道には，今のところ発見されていないようである。
　このような分布をどう評価すれば良いのか。遮光器土偶より分布域は狭く，岩偶などの分布よりは広く分布するようである。また，屈折像土偶の晩期前葉，中葉期の分布[1]などとも異なるところがある。
　さてx字形土偶の出土遺跡には，青森県亀ヶ岡遺跡や是川遺跡，岩手県雨滝遺跡や蒔前遺跡それに秋田県麻生遺跡など，晩期前半の大遺跡が多く含まれる。しかし，遺跡毎の出土点数となると極端に少ない。例えば，相馬生奈子によれば雨滝遺跡では，52点の土偶中，この形はわずかに1点であるという[2]。この傾向は，岩手県手代森遺跡でも，破片まで含め総数201点中x字形土偶は1点である。これに対し，岩手県豊岡遺跡からは，

43

多量の遮光器土偶・板状土偶とともに x 字形土偶も 5 点出土している。

一方，青森県明戸遺跡では，土偶総点数 30 点に対し x 字形土偶 3 点と 1 割程度の比率になる。明戸遺跡は，大形の遮光器土偶は頭部が 1 点出土しているのみで，中空遮光器土偶に対する x 字形の割合は比較的高い。秋田県地方遺跡では，総点数 164 点に対し，x 字形は約 8％ の 11 点を数えることができる。また，青森県今津遺跡では遮光器土偶は出土していない。このように遺跡内でのあり方からは，x 字形は遮光器土偶の多寡とは別の存在であったものと見なせるであろう。

特殊な出土状態を確認できた例は見られない。地方遺跡は大洞 B–C，C_1 式期の墓穴が 500 基以上検出されているが，これらの遺構に伴出した土偶はない。

4 所属時期

手代森遺跡では同一グリットから大洞 B–C 式の新しい段階から C_1 式に属する資料が多量に出土している。地方遺跡や杉沢台遺跡では大洞 C_1 式が主体で B–C 式がそれに次いでいる。明戸遺跡でも大洞 C_1，C_2 式が主体となっている。また，蒔前遺跡や雨滝遺跡は，大洞 C_2 式以降の土器はほとんど出土しない遺跡である。麻生遺跡や豊岡遺跡も同様である。今津遺跡では大洞 C_2 式期と想定されている。このようなことから，これらの x 字形土偶は大洞 B–C 式から大洞 C_2 式頃までの時期に想定できそうである。

集成した資料によるかぎり，縄文後期に比定できるような資料はなく，また，大洞 B 式にもその存在は希薄である。さらに大洞 C_2 式以降の諸遺跡でも資料は検出できなかった。

次に，x 字形土偶自体の特徴から，所属時期を推定してみたい。図に示した資料のうち，頭部や手足の先端部に特徴的に用いられる二山状の表現は，大洞 C_1 式の精製土器の口縁部突起と類似する。また，背面の三角形のモチーフも，大洞 C_1 式の C 字文や雲形文と組あわさって用いられる三角形文に類似する。しかも，これらが基本的には正立と逆の三角形が上下に対応し，斜位に組み合うものがないことから，三叉文の段階に関連するとは思われない。また，豊岡遺跡例（9）の頭部表裏面の表現は x 字形土偶にあっては特異な例であるが大洞 C_1 式段階とみるべきであろう。蒔前遺跡，滝端遺跡に見られる沈線による C

字状文もまた大洞 C_1 式土器の特徴と共通する。

金子昭彦は，この x 字形土偶の胴部に施された刺突により，遮光器土偶の刺突の特徴と関連づけて三分類しているが[3]，やはり大洞 B–C 式から C_2 式期に推定している。

5 他の土偶との関連

亀ヶ岡遺跡出土の頭部を欠き縦位の沈線文を持つ土偶は，脚部の表現が x 字形に共通し，その文様は麻生遺跡例（7）と似る。亀ヶ岡遺跡例の類似資料は，岩手県西根町水上遺跡や葛巻入月遺跡などで出土している[4]。胴部が大きくくびれることなど，x 字形との類似点も少なくないが，手足先端部の表現，何よりも頭部表現を欠くことが相違する。したがって両者を直ちに結び付けることはできまい。

筆者はこの x 字形土偶は，大洞 B–C 式あるいは C_1 式段階の，板状土偶と密接な関係を有していると考える。青森県明戸遺跡出土の板状土偶の脚部の表現は，x 字形のそれと共通するものがあり，同時に，腹部の C 字状モチーフは滝端遺跡例（4）とも関係してこよう。

x 字形土偶に対しては，省略，略式，便化などの呼称に見るように，普通の土偶（その代表が遮光器土偶であるが）に比べてその研究も“省略”されてきたといえる。だが，x 字形土偶は身体の基本的特徴は備えており，省略というよりは江坂の提唱する「抽象化した土偶」と表現するのがふさわしい。土偶自体が人体を抽象化したもので，その抽象の仕方，表現方法により土偶形式が存在するのであるから。

また，亀ヶ岡文化の遮光器土偶以外の土偶がどのようなあり方をするのか，それらの形式ごとの所属時期，分布など基礎的な作業を進めながら晩期土偶の構造解明が果たされるべきであろう。

註
1) 磯前順一「『屈折像土偶』について」考古学雑誌，72—3，1987
2) 相馬生奈子「岩手県雨滝遺跡の土偶」明治大学考古学博物館館報，4，1989
3) 金子昭彦「同時期・同地域に併存する多様な土偶について」溯航，6，1988
4) 高橋昭治・稲野裕介「岩手県岩手郡出土の頭部のない土偶について」北奥古代文化，19，1988

●地域的なあり方●

北海道の土偶

北海道埋蔵文化財センター
■ 長 沼　孝
（ながぬま・たかし）

北海道の土偶は隣接する東北地方円筒・亀ガ岡文化の影響を強く受けているが，墓との強い関連性や完形品が多いなどの特色を有する

現在，北海道内で土偶の出土が報告されている遺跡は74ヵ所，その数はおよそ310個体である。渡島半島の南半が分布の中心で，北上するとともに希薄となり，石狩低地帯より東北部では不確実なものを含めても5ヵ所の遺跡が確認できるにすぎない。その状況はちょうど東北地方の影響を強く受けた円筒土器や亀ガ岡式土器の分布と符合する。

現在のところ確実に縄文時代早・前期とみられる土偶はないが，関連するものとしては，函館市函館空港第4地点出土の円筒土器下層式の土器に伴う2点の岩偶がある。

中期　この時期の土偶は円筒土器上層式およびその影響を強く受けた土器に共伴する板状のもので，概して小形である。形状は頭と両腕を単純に作り出した十字形に近いものが多い。顔の表現はないものが多いが，あるものは，太い粘土紐で眉と鼻を連結して表現する特徴がある。体部の表現は抽象化されたものが多く，乳房や腹部は小さな突起や撚糸による円形の圧痕などで表現される。また，頭部や両腕に縦または横方向の貫通孔がみられるものが多い。この時期の土偶としては函館市サイベ沢のもの（図1）が古くから紹介されているが，最近では出土例が増え，函館市権現台場・石川1・桔梗2，松前町白坂，八雲町栄浜1，泊村ヘロカルウス，苫小牧市美沢1などで33個体が報告されている。

松前町白坂の第8地点では，中期前葉の住居跡の床面から2点の小形土偶（図4・5）が出土している。2点とも大きさは縦横5cm前後，十字形の板状土偶で，頭部には横方向の貫通孔がある。顔やその他の身体の表現はみられないが，縦方向または横方向の一本の刺突列が体部に施されている。出土状況や類似性からみて2点の土偶は，同一の目的で製作，使用されたものと思われる。

後期　この時期の土偶は，札幌市T361，函館市日吉，室蘭市絵鞆貝塚，千歳市末広・キウス，小樽市忍路土場，富良野市無頭川，南茅部町著保内野などで約15個体出土しているが，全体の形状が明らかなものは絵鞆貝塚，著保内野出土の2例のみである。著保内野の土偶（カラー口絵）は，全長41.5cm，最大幅20.2cmの大形中空土偶で，土壙墓に関連して発見されている。両腕を欠損しているがほぼ完形で，国の重要文化財に指定されている。顔は長さに比べ小さく，眉，鼻，目，口は刻目のある細い隆帯で表現され，顎には円形の小さな刺突が密に施されている。体部や脚は写実的に作られているが，乳房は小さい。腹部には顎と同様の刺突文がみられ，体部の上半と下半身は刻目のある隆帯または羽状縄文が施され，何らかの衣服を表現しているようである。

後期末〜晩期初頭　この時期の土偶は御殿山式土器に共伴するもので，墓に関連して千歳市美々4，恵庭市柏木B，根室市初田牛20，静内町御殿山などで約24個体が出土している。また，同時期の関連する遺物としては，千歳市美々4出土の動物形土製品のほか，斜里町朱円環状土籬内の墓壙から出土している「土版」がある。美々4出土の土偶（カラー口絵）は，土壙墓の壙底からうつ状の状態で出土した。大きさは長さ20cm，最大幅9.5cm，扁平，板状で，手足の先端はつまみ出しで作り出されている。目と口は横方向の短刻線で表現され，表情は温和な感じを受ける。また，両耳の貫通孔は耳飾，後頭部の突起は櫛を表現していると思われる。乳房は写実的で，下腹部のふくらみもみられる。また，肩，下腹部，腰の部分には円形の刺突文が施されている。

初田牛20では，2基の土壙墓に関連して18個の破片の状態で，1個体の土偶（カラー口絵，図6）が出土している。頭部，肩，左手，脚などの一部を欠損しているが，ほぼ全体の形状を知ることができる。大きさは長さ18.2cm，最大幅11.8cm，扁平，板状で，首がなく，脚が短く，一見異様な感じを受ける土偶である。手足のつまみ出しや目，口の短刻線による表現など，美々4の土偶と共通する特徴をもっている。乳房や腹部については特

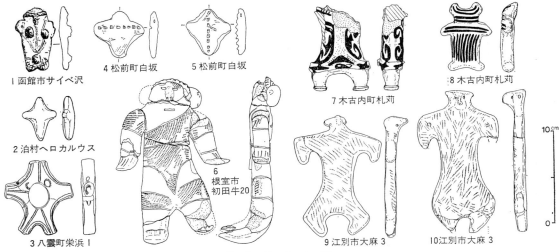

北海道の土偶

別な表現はなく，表裏ともに沈線による区画と磨消縄文が施されている。

晩期 この時期の土偶は，いわゆる亀ガ岡式土器に伴うグループと在地のタンネトウL式土器に伴うグループの二つに分けられる。東北地方に多い前半期の大形中空土偶は，室蘭市輪西出土といわれる国の重要文化財に指定されているものや余市町大谷地貝塚出土の「大土偶」以外はほとんどみられない。これは前半期の土器が少ないこととも関連しているようである。

亀ガ岡式土器に伴う土偶は，渡島半島から噴火湾にかけての遺跡から出土することが多く，函館市女名沢・高丘町，知内町サンナシ・湯の里6，木古内町札苅・新道4，上磯町添山・久根別，七飯町聖山，虻田町高砂貝塚，苫小牧市柏原18などで約160個体が出土している。時期的には大洞C_2式土器に共伴するものが大半で，1つの遺跡で多量に出土する傾向がある。最も出土数が多いのは聖山の50個体で，添山の35個体，札苅の28個体がそれに次いでいる。また，数が多いわりに完形のものが少なく，ほとんどが破片の状態で出土するのもこのグループの特徴である。

札苅出土の28個体の土偶（図7・8）は，いずれも板状の省略化の進んだもので，ほぼ完形は2点のみである。残りの26個体は，四肢，首，胴のいずれかが欠損しており，さらに細かくみると，右腕のみはすべて欠損しているという特徴がある。右腕をかならず破壊するという一定の土偶祭式の存在が想定される。

タンネトウL式土器は，晩期末に位置づけられる土器型式で，道央から道東北部に分布し，道東では幣舞式とも呼ばれる。このグループの土偶は道央部の苫小牧市柏原18，江別市大麻3，千歳市ウサクマイ，余市町大川などで5個体が出土している。これらの土偶はいずれも板状で，乳房や下腹部のふくらみは全くない。また，首がなく，手足が短く，全面に縄文が施されている。

大麻3出土の2個体（図9・10）は，土壙の壁から背中合わせに重なった状態で発見された。2体の土偶は，下の方（図10）が大きさがやや大きいものの，頭部の形状や顔の表現，乳房や下腹部が全くなく，全面に斜行縄文の施された体部の状態など，共通する特徴をもっている。同一の目的で製作され，土壙に置かれたものと考えられる。

特徴 時期別にみると以下の様な特徴がある。

(1) 中期の土偶は，住居跡に関連して出土する場合が多い。

(2) 後期および後期末～晩期初頭の土偶は，土壙墓または墓域から完形またはほぼ完形に復元できる状態で出土する。

(3) 晩期の土偶は，大きく2つのグループに分けられる。亀ガ岡式土器に共伴するものは，損壊した状態で1つの遺跡から多数出土する。一方，タンネトウL式土器に共伴するものは，数は少ないがすべて完形に近い状態で発見されている。

縄文時代中期～晩期にみられる北海道の土偶は，隣接する東北地方の円筒・亀ガ岡文化の影響を強く受けるものの，墓との強い関連性のほか完形品が多い点など，他の地域と異なった特徴を見出すことができる。

●地域的なあり方●

九州の土偶

熊本博物館
富田紘一
（とみた・こういち）

九州で土偶が出土する時期は後期後半から晩期前半にかけての短
期間のみであり，しかも85％以上が熊本県北部から出土している

1 土偶出土の時期

日本列島の南西部に位置する九州では，列島全体の縄文文化とはいささか異なった文化がみられる。前期の曽畑式や中期の阿高式の文化には朝鮮半島との関連さえ考えさせるものがある。そのような地域において縄文文化の精神的遺物ともいえる土偶が出現するのは後期末から晩期前半にかけての短期間だけである。このことは，九州における縄文時代のありかたを考えるとき，真の縄文文化に浸った数少ない時期の一つといえるかもしれない。現在，九州で出土している土偶の数は約350点で，その内の300点以上が熊本県北部の台地地帯の遺跡から発見されている[1,2]。

九州で土偶が出土する時期は，後期後半の三万田式から鳥井原式・御領式それに晩期前半の約3型式（天城式―古閑式または上南部Ⅲ期―上南部Ⅳ期―上南部Ⅴ期）のみである。これらの時期は，土器でみると黒色磨研系の土器が作られたころであり，また規模の大きな遺跡が数多く出現するのも特徴である。この黒色磨研土器は磨消縄文系の土器に続くもので，頸部が弓状に湾曲し，近畿から北陸地方にかけて類似するものがみられる。

2 出土土偶の特徴

土偶にはいくつかの特徴があり，形態的にみて具象型と省略型に大きく分かれる。具象型は人体の特徴である胴部に頭・腕・脚を具備したもので，いわゆる人形をなしたものである。これも詳細にみると身体の作りに，一般的な人に似る立体的なもの（立体形）・全体を偏平に作るもの（偏平形）・身体の厚さを強調したもの（厚身形）の3種類がある。ただしこれは漸移的であり，視覚的に分類されるが，今のところ明確には区別しがたい。偏平型には熊本県三万田遺跡例のように，関東地方の山形土偶にごく類似するものもあり，九州に伝来した時期のものを含むらしい。

省略型では，頭部と胴部が分銅形になるものと立方体形のものがある。分銅形のものの1つの熊本市上南部遺跡例には，胴部の下端にわずかに脚

のえぐりが残存しており，人形からの転化であることは確かである。この種のものは後出のものかともみられるが，最近，福岡県原井三ツ江遺跡で三万田式土器より1～2型式先行する土器とともに3点の省略型土偶が出土しており[3]，その系譜については未解決である。

縄文時代の土偶の特徴である独特な装飾は，九州の土偶には非常に少ない。施文をみる部位には頭部・顔面部・腕部・胴部・脚部の各部分があるが全体に無文のものが多い。頭部では後頭部に施文しているものがあり，弧線を重ねたりX字状に反転させたものがみられる。施文の率は，他の部分に比べると高い。顔面では口と目（または眉）を表現したものがあり，ごくまれに目眉両者と鼻を備えたものもある。口のみのものや何もないノッペラボウも少なくない。口の施文率は各部位に比べて最も高いようで，九州における土偶の人としての表現の重要部位が口であったことがわかる。腕部では，白川流域の出土資料を中心に，肘の部分に横短線や反転文をみるものがある。胴部では，胸部の乳房のやや上に弧線を付けたり，背部の体の線に沿ったX字状の施文をみるものもある。脚部に施文するものは少ないが，太股に反転文をみる例がある。このような施文をみるものはごく小数で，施文のないのが九州土偶の特徴ともいえる。

3 土偶の製作と破壊

土偶の製作方法については，九州でもいくつかの製作方法が知られている。まず，一番普遍的なのは体部と頭部を別に作り，その間を細い棒で連結したもので，両者に棒の痕跡が穴として残っている。頸という細い部分を，それを上下別個のものとして作り，有機質のもので連結しているため，ほとんどこの部分から破損している。この場合，体部の製作は，2本の粘土紐をX字状に合わせ，接合部分を胴部，両端を腕部と脚部としたものが多い。頭部と接合した後に，その表面に化粧をほどこして仕上げをしている。この外には，胴

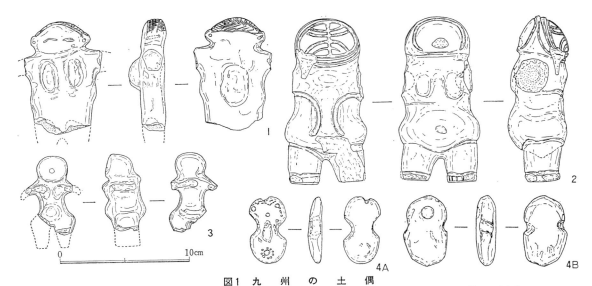

図1 九州の土偶
1 偏平形（熊本県四方寄）　2 立体形（熊本県竹ノ後）　3 厚身形（熊本県太郎迫）　4A 省略形（熊本県亀尾）
4B 省略形（熊本県三万田）

部に頭・腕・脚にあたる突出部を作り，その突出部に粘土を継ぎ足して仕上げたものもあり，逆に別に作った腕や脚を胴体に差し込んだものもみられる。この場合，粘土継ぎ足し部や差し込み部から剥離破損しているものが多いのは当然である。

九州の土偶も各地の土偶と同じく，ほとんどのものは破壊されて廃棄された状態で発見されており，とくに具象型のものでは完形は1例もない。破壊は特別にどの部位において顕著とはいえず，熊本市上南部遺跡の出土例の観察[4]では，部位の大きさにほぼ比例した数が確認されている。廃棄の状態にも特殊性を考えさせるものは知られていない。上南部遺跡例の検討では，出土した土器の重量にほぼ比例した状況が知られている。ただ，この上南部遺跡例の検討の中で，破損した土偶が二次的に火を受けた痕跡が多いことが指摘された。それは全体の約25％にものぼり，土器片などと比較して，廃棄された後の受火にしては率が高く，土偶祭式の中で火を用いた儀式が存在したのではないかと考えさせるものがある。

ところで，省略型の土偶になるとほとんど破壊を受けていないものが4例出土している。省略型の場合，小さく破損すると土偶かどうか認定が難しく，その率がどの程度かは判然としないが，割と高い比率で残っているらしい。前に述べたように，その系譜については不明瞭な大きな問題があるが，土偶の本来的な意味から離れた破壊されな

図2　熊本市上南部遺跡出土の土偶

い土偶の出現は注目される。今後，この現象が九州内で発生したものか，それとも土偶祭式とともに他からもたらされたものか注目すべき問題である。

註
1) 上野辰男・富田紘一『上野辰男蒐集考古資料図録・第一集縄文時代特殊遺物編』肥後上代文化研究会，1986
2) 富田紘一「熊本県出土の土偶」考古学ジャーナル，272，1987
3) 小池史哲『原井三ッ江遺跡』大平村文化財調査報告書第5集，1989
4) 富田紘一「上南部遺跡出土土偶の観察」『森貞次郎博士古稀記念論文集古文化論集』同刊行会，1982

●地域的なあり方●

その他の土偶

埼玉県埋蔵文化財
調査事業団調査員補
■ 植木 智子
（うえき・ともこ）

特別な名称をもつ土偶は意外に少なく，60あまりに大別され
る型式の大半はこれといった特徴がないため名称を有しない

縄文時代の土偶全体を概観すると，「遮光器土偶」「山形土偶」などといった特別な名称をもつものは意外と数少ないことに気づく。一般的に広く定着している名称はわずかに10数種に留まるが，現在では土偶はほぼ60型式あまりに大別することができる[1]。

土偶の型式名は，いわばニックネームが通例となっているため，例えば「筒形土偶」のように，出土量が非常に少なくても名称をもつ場合があり，逆に，相当量が広く分布して型式としてのまとまりも明確であるにもかかわらず，これといった外見上の特徴が薄いものは「〇〇地方〇期の」「〇〇式に伴う」などといった扱いを受けている。

本稿はこうした大半を占める無名の土偶を紹介するわけであるが，紙数の関係上，わずかに4例しか取り上げられなかったのが残念である。

1 大木式の土偶

前期半ばから中期にかけて東北地方南東部に分布する。とくに岩手県，宮城県，福島県に資料が豊富である。円筒土器様式に伴う板状の「十字形土偶」に類似し，一般にも知名度が高いが，発生時期はむしろ大木式のほうが早い。早期末に関東で生まれた土偶の文化は次第に北方へと波及していったようである。

特徴としては，両腕の張り出しが小さく，丸みをもった腰部が強調されている。顔面をはっきりと表わすことは少なく，2～3個の貫通孔で目と口が示される。口に相当する部分に浅い凹みを有する例も見られる。貫通孔はそのほか腕などにも施され，中には両乳房の直下に1対の孔を有する例もあって特徴的である。

この土偶の最も大きな特徴は，脚部の表現を有する点にある。多くは体部下端に小さなえぐり込みを施してわずかに脚の存在を表わすもので（図1），中期後半では体部の下方中央に楕円形の孔をあけ，両脚の分割を意図している例がある（図2）。このような表現は円筒土器系の土偶にはほとんど見られないもので，中部，北陸地方の両脚をもつ立体的な土偶の影響が大きいものと思われる。胴のくびれが大きく，腰の背面に逆ハート形の文様を施して尻を表わす点などもやはり中部地方の手法を採り入れたものであろう。東北地方では，前期から後期に至るまで板状の土偶にこだわり続け，とくに円筒土器文化圏では一貫して板状土偶が作られたが，中期大木式の土偶はそうした根強い指向の中に立体土偶の要素を巧みに取り入れた折衷様式であり，大木式土器の文化圏が周辺地域と広く交流を持っていたことをよく示している。とりわけ新潟県地方の火炎土器様式に伴う土偶との深い関わりについては，立体的土偶，板状土偶，三角形土偶といった土偶の組成の共通性からも強く窺うことができる。

2 勝坂式の土偶

勝坂式土器様式は，中部，関東地方に広く分布し，これに伴う土偶は甲信地方を中心に関東西部にまで分布を広げる。縄文中期は東日本の各地で盛んな土偶製作活動が展開されている。その中でも一際活発だったのが勝坂式～曽利式にかけての甲信地方である。中には山梨県釈迦堂遺跡のように1,000点以上も出土する遺跡も出現する。

中期の土偶の特徴は複数の型式が共存することで，ポーズをとる型式の土偶が出現するのもこの時期である。壺を抱く姿の土偶は，同時期に盛行する顔面把手付土器とどこか共通する意識が働いていたと考えることもできる。

初期には頭部とくに顔面の表現が個性的で特徴的な立体的土偶が目立つが，次第に下半身がどっしりとさらに立体的に強調される傾向が見られ，このプロポーションが後続する曽利式へと受け継がれたようだ（図3）。

甲信地方の分布圏中心部に比べて関東地方から出土する同期の土偶は，全体に甲信地方のものよりもやや平板な印象を受けるが同一様式の範疇に含めることができるだろう。

土偶の作りについてみると，五体の成形方法は，ばらばらの粘土塊を組み合わせて大まかな体

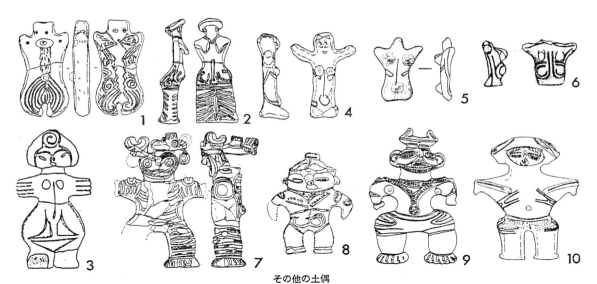

その他の土偶

1 岩手県塩ケ森　2 宮城県中ノ内　3 山梨県坂井　4 神奈川県橋本　5 埼玉県膳棚　6 新潟県吉野屋　7 埼玉県赤城
8 茨城県小山台　9 宮城県鍛冶屋敷　10 山形県釜淵

形を形作るもので，これは中期の立体的な土偶にほぼ共通する手法である。四肢や頭部と胴体との粘土塊の接合部分では，非常に細い棒を刺してつなぎ止める技法が用いられたらしく，この部分での破損面に小さな小孔が観察されることがある。

3 加曽利E式の土偶

関東地方西南部を中心に分布する。その前時期の立体的な土偶とは対照的に，非常に貧弱な姿となる点が大きな特徴である。外形は弱い張り出しによって両腕と頭部を表わし，多くは顔の表現すら見られない。やや肉厚な板状で，下端部を折り返して足先を作り出す例も見られる（図4・5）。

新潟県方面の火炎土器様式や福島県内の大木式土器様式に同様な小形のものがあって，文様などの共通性も指摘でき，両者の関連性が認められる（図6）。しかし，同じ関東地方で直前まで製作された勝坂式の土偶とは大きさやプロポーションなど，形式上で大きな隔たりがあり，曽利式のいわゆる出尻土偶が勝坂式の系統を忠実に受け継いでいるのとは明らかに異なる様相を示している。

4 晩期終末の土偶

遮光器土偶は縄文造形の代表格として一般にも広く紹介されているが，弥生文化に移行する直前の土偶が触れられることは少ないように思われる。いわゆる典型的な遮光器の存続期間はほぼ大洞C1式までで，その後はごく短期間にめまぐるしい型式の変遷が見られる。

大洞A式期では全体の製作技法などは受け継がれるものの，すでに遮光器土偶とは大きくかけ離れた姿に変貌している（図9）。肩部や下半身の強調が目立つが，次第に腕の表現も失われて，上半身は逆三角形のプロポーションとなる。秋田県，山形県などでは「結髪土偶」が製作された（図10）。大洞A′式期にはもはや遮光器の片鱗すらとどめない板状の土偶となる。

関東，中部地方でも遮光器は土器とともに伝わり，各地域内で模倣が試みられている（図8）。しかしまた，関東では独自の土偶も製作された。顔面などは後期安行式期に盛んであった「みみずく土偶」の表現をそのまま残しているが，晩期の指標となる三叉文などが施され，立体的な中空である。また，全体に大形化する傾向が見られる（図7）。関東でも文様などから晩期末まで土偶が作られていたことがわかるが，出土量が少なく，また小破片である場合が多いため，体系的な把握には至っていない。近年の埼玉県赤城遺跡での100点を越える一括出土は注目され，今後各地での資料の増加が待たれるところである。

註
1) 植木　弘「土偶データ作成試験の経過と課題」『国立歴史民俗博物館研究報告』第16集，1988

特集 ● 縄文土偶の世界

土偶の出土状態と機能

土偶はどういった機能を有するだろうか。また土偶の大きさやこわされ方，遺跡からの出土のし方はどんな意味をもつだろうか

土偶の象徴機能／土偶の大きさ／遺跡の中の土偶／土偶のこわれ方／土偶大量保有の遺跡

土偶の象徴機能

東京大学大学院
■ 磯 前 順 一
（いそまえ・じゅんいち）

土偶は縄文時代の各地域・時期ごとに特有な性質をもつが，ここでは心理的および社会的な側面について土偶の象徴性を述べよう

1 土偶研究の前提

縄文社会の宗教研究にとって土偶は重要な意味をもつものと考えられるが，この土偶の宗教研究においても，研究の前提として土器研究をふまえた型式設定が必要とされる。型式とは時期・分布的まとまりをもつ形態および文様における特徴の類型であり——現時点では，分布領域は直接的には文化領域として理解すべきであり，それを基礎として，部族・氏族などの社会組織の次元に解釈すべきであろう——，それは複雑で内的矛盾をもった個々の資料からなる現実の総体から，抽出されたものである。

現実に存在する個々の資料には様々な要素が混在しており，それが観念上の型式概念と完全に一致することは少ないといえる。それゆえに，土偶研究は個々の資料を恣意的に操作するのではなく，類型として抽出された土偶型式を対象にしなければならない。しかも，研究者が任意の型式をひとつないしは数点のみをとりあげるのではなく，連続する型式の変化動態のなかの一地点として各型式を位置付け，その前後の脈絡をふまえて解釈をおこなう必要がある。この土偶型式は単に縄文時代の時空の尺度設定の基準のみならず，そ

れを前提とした縄文社会の「内容の表出」であり，その内容の究明が土偶型式研究の目的とされなければならない。また，その際には，資料の出土状況が大きな意味をもつと思われる。

そして，考古学的方法によって整理されたデーターは，考古資料の実体を明らかにするが，その一方で，資料のみに立脚する帰納的方法の限界も示すことになる[1]。そこで必要とされるのは，導き出されたデーターに即して解釈の次元に進むための理論である。その理論的な解釈がドグマ的にならず，積極的な批判の対象となり得るためには，自らの研究の視点・目的を明確にしておくことが求められる。ひとつの研究の視点が土偶の性格を全面的に明らかにすることはありえないし，それが特定の視点にとらわれないということもありえない。研究者は常にそれらのことを自覚し，自分の研究立場を相対化しておかなければならない。そして，型式設定とそれを前提とした型式の解釈は連関性を有しており，縄文社会の宗教のどのような側面を認識するかという目的に規定され，それに即したかたちでの型式の設定が要求されるのである[2]。

51

2 土偶の心理的理解

日本の考古学では，昭和初期における編年学派の台頭以来，研究者は遺物の文様を無機的な幾何文様として扱おうとしてきた。それは明治期の先史人類学に対する自戒の意味を込めた禁欲的な態度であったのだが，その反面，文様に縄文社会の神話論理が反映されていること自体を忘却させてしまった感もある。かつて，レヴィ＝ストロースは未開社会の土器に神話が表現されることを指摘したが，それは縄文社会においても想定されるべきことであろう[3]。

以下において，筆者は土偶「型式」を研究対象の単位として，土偶を心理的な象徴 Symbole として理解したい。象徴という語は多様な用いられ方をしているが，本稿では心理的および社会的な側面について土偶という象徴のもつ意味を述べてゆきたい。そして象徴なるものを C.G. ユングにはじまる分析心理学の立場にならい，心 Psche の表出したものと考えていきたい。

そこでは，象徴は意味が明白で定義可能な記号 Sign とは異なり，集合的無意識に由来し「定義もできず，完全に理解できない概念を表わす」[4] ものとされる。分析心理学の立場からみれば，人間の心は意識のみならず，個人的無意識・集合的無意識からもなっており，意識と無意識の相互関係から心は構成されていることになる。とくに，集合的無意識は人類にとって共通の心の基層とされるものであり，自我にとっては意識化されていない心の内容を含むものである。それは自我意識にとっては意味の明白なものとは限らず，一般には異質なものと認識される。

そして，この集合的無意識を構成する諸要素，言い換えるならば集合的無意識の類似傾向を元型と呼ぶ。土偶の身体には乳房・腹部・臀部などに女性的な特徴をもつことが多く，その点からみて，土偶には母性性が優位的に表現されていると考えられる。そして元型が集合的無意識に根ざすとする立場による以上，この「母性性」なる概念は経験概念として規定されるにすぎない[5]。母性性とは基本的には，生み育てる力，及び呑み込み破壊しようとする力のアンビヴァレントな性質であり，男性性が自我意識に比されるのに対して，無意識の性質として認識されるものと考えられる[6]。この母性性はあくまでも心理的・超個人的な性質であり，肉体的・個人的な母とは区別されるべきものである。この観点にたつことによって，乳房と男根をもつ土偶は心理的な両性具有として理解することができる。ただし，その母性性の表現はその時代の具体的な・身近なイメージを通して現わされるのであり，そのために母親の肉体的特徴が土偶に表現されることが多くなっている。

元型としての「母性性」はいつの時代・地域にも普遍的なものであるが，その母性性の一表現形態である土偶は縄文社会に特有なものである。さらに，この土偶は縄文時代の各地域・時期ごとに特有な性質をもっている。元型自体は母性性の汎世界・時代的な普遍性に焦点を置いた概念であるが，それに対して元型の空間・時期における限定的特性に関心を置いたものを「元型イメージ」と呼んでいる。集合的無意識，およびその構成要素である元型は不変的な性質をもつが，自我意識は時代・地域さらには個人の資質などによって制約されるものである。この不変的な元型と限定的な自我意識の相互関係から，集団の心の時間的・空間的個性をもつ元型イメージが心の総体として表出される[7]。

この元型イメージは，個人・氏族・民族などの多様な意識の次元に応じて，複数の重層性を示すものであるが[8]，ここでは元型イメージを縄文時代総体のものと，さらにその構成体である各地域・時期ごとの文化集団の2種類に区別しておきたい。両概念は上位・下位の関係にあるが，後者が土偶の型式の表象主体に相当するものである。従来，分析心理学では，民族や文化圏を単位とした巨視的観点のもとに元型イメージを用いており，本稿のように縄文時代のなかの時期・地域までは対象単位として扱ってはいない。しかし，元型イメージが原理的に意識の制約性によって生じるものであるならば，同一文化・時代の下位概念にまで適応できるものと考えられる。ゆえに，部族にせよ，氏族にせよ，型式の示す集団はその社会特有の心性をもつのであり，その点で土偶の型式はその背景とする集団の元型イメージであると理解することができる。

先にも述べたように，土偶は縄文時代にのみ特有のものである。土偶が基本的に顔と体を有しているのに対して，男性性の象徴である石棒は生殖器＝男根として表現されるにすぎず，その顔や身

体までが造型されることはない。このことは，石田英一郎が指摘したように，世界的にも広汎にみられる現象である[9]。このような男性性と女性性に対するこの時代の認識の在り方，すなわち心の状態を，E. ノイマンは「太母に対する愛人としての少年段階」として自我意識の発達史のなかに位置付け，この段階では母性性が優位であり，男性性が母性性にとって生殖器的役割として存在していたとしている。

確かにこの段階での自我意識は，現代人とは異なるかたちで形成されていたようであり，われわれのように自我意識が無意識から明確に分離してはおらず，自我意識と無意識は流動的に結びついていたと考えられる。そのような状況では，個々人は共同体に，また人間は自然に埋没したままの状態に置かれやすいといえよう[10]。

この土偶なる造型物は意識のみによって作られる意図的なものではなく無意識を含む心の内容が外界に客体化・投影されたものである。太古的人間 Archaische Mensh にとって，自分の心と外界は心理的に神秘的融即の関係にあり，そのために自分の心は外界に投影され，外界に客体化されたものを通してはじめてその内容を明確に認識することが可能になると思われる[11]。太古的人間は，自我の発達が不十分なため，現代人のように，自分の心を抽象的・概念的に認識することは困難なのである。ただし，型式という時間・地域を単位とする斉一性から考えて，この心の投影作用は単に個人の心の表現にとどまるのではなく，個人を内包する集団を背景とする表現物として理解すべきである。

この型式の斉一性は集合表象的なものとして個人の心に対して上位に位置するものであり，それは個々人に内在化された集合意識が，集合的無意識と対比されることによって生み出されるものである。あるいは，文化集団内で同一型式の土偶を作ることが要求されることによって，個々人のなかに集合意識に基づく元型イメージが形成される契機が与えられるのかもしれない。いずれにせよ，型式の斉一性は集合的無意識の普遍性に基づくのみのものではない。元型イメージとしてとらえられる土偶は意識と無意識の総体であり，集合的無意識を前提としながらも集合意識の個人への内在化を介して生じるものである。

縄文時代にも個人の個性はある種のかたちで存在したと思われるが，土偶や土器などには集団としての斉一性を表現することが強く要求されたのであろう。そのことによって集団のもつ心性や規範の斉一性が内在的に維持されたと思われる[12]。

3　土偶の変化

以上のように，縄文時代の土偶はその地域・時期を越えて普遍的な特徴を有するが，その一方で各時期・地域に特有な型式的特徴をもつ。基本的には，時間軸において形態・文様の変化が強く，それに比べると地域差が存在するものの，同時期の諸地域間の土偶の型式的特徴には共通性がみられる[13]。概括的に述べるならば，土偶の確立期にあたる早・前期を通して，土偶の基本型である立像の五体が整えられ，文様が施されるようになる。これら日本の縄文時代の土偶の特徴として，形態・文様におけるシンメトリー性をもつ立像形のものが多く，四肢に動作をもったものが少ないことがあげられよう[14]。

そして，五体と文様を兼備した中期以降の土偶は尻部の強調されたもの，脚部が発達し胴部が細いもの，腹部・胸部が発達したもの，顔部が誇張されたもの，と変化してゆく。一般的に言って，豊饒的なものは施文が疎であり，非豊饒的なものは密な文様をもつ傾向がある[15]。つまり，形態の豊饒性と文様の密性は反比例の関係にあるといえよう。また，土偶の顔の造作も当然のことながら各型式ごとに異なっており，単に身体の付属物ではなく重要な表現要素となっている。

中期以降は，土偶が多量に作られる地域も出現する。中期以降にみられる土偶の型式的・量的に安定した地域は一定数以上の遺跡が分布しており，その地域の経済的安定が背景にあると考えられる[16]。基本的に縄文時代は植物採集・原始農耕・漁猟・狩猟経済が複合した段階である。しかし，各時期・地域における経済の在り方は多様であり，上記の諸生産方式の有無，およびその類型の総体として成立していたと思われる。この点を考慮すれば，これまでのように縄文時代の土偶を生んだ経済的背景を原始農耕にのみ直結させることは早計であり，むしろ多様な生産活動の在り方を反映するからこそ，縄文時代の土偶が多様な諸型式をもちえたと考えるべきであろう。

4 土偶の社会的機能

土偶のもつ社会的機能については，その儀礼的側面を考慮しなければならない。土偶の儀礼を完全に復元することは不可能であるが，出土状況などから考えると，土偶の製作／安置／破壊・分割／廃棄・埋納／新たな土偶の製作，の諸過程があったと考えられる。基本的に，土偶はしかるべき時に破壊されたものであり，その破壊行為は一種の供儀的性質をもっていたと考えられる。儀礼は多様な形態をもち一義的には理解できないものであり，多数の土偶型式が存在することからも，土偶の意味やその儀礼にも変化があったことがうかがわれる。しかし，その多様性のなかを貫徹する儀礼の原理として，伝統社会に特徴的な「死と再生」の観念が存在したと考えられ[17]，供儀的行為はその象徴であったと思われる。

また土偶の発見量の多さからして，その祭祀が共同体のなかの特定の集団に独占的に掌握されたものではなく，共同体の多くの成員が主体的に関与した祭祀であると考えられる。上に述べた儀礼の諸過程を通して，土偶に象徴される母性性の死と再生の儀礼がなされたのであり，そこでは自然・共同体・個人の豊饒力・生命力・心的エネルギーの再生が目的とされたと考えられる[18]。そして，新たに土偶を作ることによって，物事が衰退していく不安を解消していったと思われる。それが個人に起きた身体的あるいは心理的疾患の場合には，その個人に関連した範囲で儀礼がなされ，共同体全体の利害に関する場合には共同体全体が関与するかたちで儀礼がなされたと考えられる。

そのさいに作られた土偶は縄文社会の人々の身体的・心理的疾患・不安を解消する力をもつと信じられた母性性の象徴なのであり，個人にとってはその不安などを解消し，その心理表現に対する文化的な安定を与えるモデル・パターンとして働いたのであろう。また，それは縄文時代の各々の時期・地域の社会組織に対する反映として補償機能・正当化機能を担っていたものと思われる[19]。以上のように，土偶の儀礼はあくまでも社会的機能を担った現実世界（心的現実も含む）の補償・回復行為として捉えるべきである。

また，縄文社会の宗教は土偶のみに担われるものではなく，石棒，岩版・土版，仮面形土製品などとともにその宗教体系を構成していたと考えら

れる。さらに，晩期の東北地方や関東地方，また中期の中部高地では，同一時期の土偶型式が複数型式のものから構成されていることが指摘されている。これらの各形式の遺物および各型式の土偶の組成は単なる遺物の羅列ではなく，そこに文様・形態において相互の区別をおこなわせる分類論理の働きがみられる[20]。このことは，少なくとも縄文時代のある時期・地域においてはその宗教や心理が多元的構造をもっていたことを意味している。それは縄文時代の社会が，これまでわれわれが考えていたような無機的でプリミティブなものではなく，縄文社会の独自の論理に即したかたちでその宗教や心理を発達させていたことを示しているのである。

5 土偶研究の課題

以上，本稿では心理面に主眼を置いて，土偶の一般的な機能を論じたが，今後，土偶の型式の違い，安置形態の違い（直立させる・横に置く・柱などにかける），廃棄埋納の特殊形態の地域・時期差，破壊率の違いなど，土偶諸型式のあいだの性質の差異も考察してゆかなければならない。

また，諸型式の土偶とその背景である各地域・文化圏における社会・経済的次元との連関，さらには石棒などの宗教色彩を強くもつ遺物との構造的連関としてのアセンブリッチの問題を考古学的方法によって実証的に解明してゆく必要もある。そして，本稿のような分析心理学的解釈は，個人夢を扱う場合と同様に，様々な形式の遺物に対する解釈および増加する資料をふまえた解釈を積み重ねてゆくことによって，その蓋然性は高められるのであり，その意味でも今後の研究が必要とされる。

註
1) A.ルロア＝グーラン『先史時代の宗教と芸術』1964/1976（蔵持不二也訳，日本エディター出版部，1985）
2) 磯前順一「書評 金関恕・佐原眞編『弥生文化の研究8―祭と墓と装い』」東京大学宗教学年報，Ⅵ，1989
3) C.レヴィ＝ストロース「魚のつまった胴体をもつ蛇」『構造人類学』1947/1958（荒川幾男訳，みすず書房，1972），小林達雄「土器文様が語る縄文人の世界観」『日本古代史3宇宙への祈り』集英社，1986
4) C.G.ユング「無意識の接近」（英版）1961，GW18（河合隼雄監訳『人間と象徴』(上) 河出書房

新社，1975，20頁）

5) C.G.ユング「元型—とくにアニマ概念をめぐって」1936/1954，GW 9-1（林道義訳『元型論』紀伊国屋書店，1982，115-116頁），同「童児元型—神話にみられる」1940/1950，GW 9-1（林道義訳『続元型論』紀伊国屋書店，1983，50-51頁，189-190頁）など。

6) E.ノイマン『意識の起源史』（上）1949（林道義訳，紀伊国屋書店，1984，82頁），C.G.ユング「母親元型—その心理学との関わり」1939/1954，GW 9-1（『元型論』1982，129-130頁）など参照のこと。

7) C.G.ユング『ヨブへの答え』1952/1967，GW 11（林道義訳，みすず書房，1988，5-9頁）など，同「定義 イメージ」『タイプ論』1921/1951，GW 6（林道義訳，みすず書房，1988）。なお，分析心理学における元型論の特質およびその妥当性については，林道義『ユング心理学の方法』（みすず書房，1987）を参照のこと。

8) ユングはアプリオリな「主観的な前提」つまり心を制約する要因として，個人的なもの，家族的なもの，国家・風土・歴史をあげている（C.G.ユング「ナチズムと心理療法」1934，GW 10，林道義訳『心理療法論』みすず書房，1989，140頁）。

9) 石田英一郎「桃太郎の母」「穀母と穀神」『桃太郎の母』法政大学出版局，1956

10) E.ノイマン「A 始源の一体性—中心志向と自我形成」『意識の起源史』（下）（林道義訳，紀伊国屋書店，1985，424-435頁）

11) C.G.ユング「古代的人間」1931/1969，GW 10（江野専次郎訳『ユング著作集2—現代人のたましい』日本教文社，1957/1970，E.ノイマン「C 意識の平衡と危機」『意識の起源史』（下）1985，555-566頁）

12) ユングは集合表象をおおよそ元型イメージに対応するものとして理解していたようである（C.G.ユング「集合的無意識のいくつかの元型について」1935/1954，GW 9-1，『元型論』32-33頁）。なお，ユングの集合無意識 kollektiven Unbewuβten における集合なる言葉は人類全体に普遍的という意味であり，デュルケムの集合意識 con-science collective における「集合」なる言葉は特定の集団・時期に共通な制約的なものである。このように，両者における「集合」なる言葉の範疇は異なっている。

13) 同一時期の地域差に言及したものとして，磯前順一「筒形土偶について」常総台地，13，1985，斉藤弘道・磯前順一「東・北関東における中期土偶」婆良岐考古，9，1987を参照のこと。

14) M.ギンブタス『古ヨーロッパの神々』1984（鶴岡真弓訳，言叢社，1989），E.ノイマン『グレートマザー』（英版）1955（福島章ほか訳，ナツメ社，1982）

15) 各時期・地域を通してみた土偶型式の変化については，磯前順一「心的象徴としての土偶」（林道義編『ユング心理学の応用』みすず書房，1988），とくに早・前期の土偶については，原田昌幸「発生期の土偶について」奈和，21，1987，同「縄文時代の初期土偶について」MUSEUM，434，1987を参照のこと。

16) 小山修三「第1章 縄文時代の人口」『縄文時代』中公新書，1984

17) M.エリアーデ『永遠回帰の神話—祖型と反復—』（英版）1954（堀一郎訳，未来社），M.モース・H.ユベール「供儀の本質と機能についての試論」1899（小関藤一郎訳『供儀』法政大学出版局，1983）

18) 磯前順一「土偶の用法について」考古学研究，34—1，1987

19) C.レヴィ＝ストロース「呪術師と呪術」『構造人類学』1958（荒川幾男訳，みすず書房，1972），G.オベーセーカラ『メドゥーサの髪—エクスタシーと文化の創造』1981（渋谷利雄訳，言叢社，1988），M.フォーテス「西アフリカの宗教における『エディプス』と『ヨブ』」1959（田中真砂子訳『祖先崇拝の論理』ぺりかん社，1980）

20) 磯前順一「屈折像土偶について」考古学雑誌，72—3，1987，同「『屈折像土偶』レジュメ」土偶とその情報研究会発表，1988，鈴木正博「安行式土偶研究の基礎」古代，87，1989，小野正文「山梨県釈迦堂遺跡出土の『誕生土偶』」考古学ジャーナル，272，1987

（坪井正五郎「貝塚土偶の面貌の奇異なる所以を説明す」より）

土偶の大きさ
――超大型土偶の扱いについて――

嵐山町教育委員会
植木　弘
（うえき・ひろし）

大多数の土偶は人の掌の中で破壊できうる大きさということができるが，超大型の土偶はマツリにおいて特別な扱いを受けていた

1　手の中の土偶

およそ1万点を上回ると推定される現在発見されている土偶のうち最小のもの（高さ）は千葉県木の根遺跡から2.6cm たらずのものが，最大のものは後期の北海道著保内野遺跡出土の 41.5cm が知られている。しかし，大多数の土偶の大きさは，10cm 前後を中心として，下は5cm，上は20cm 内外の範囲に収まるようだ。

この5～20cm という大きさの幅をひとまとまりとするにはある程度根拠がある。つまり，土偶の大きさはその使用方法と密接な関係があると考えるからである。現在われわれが土偶の使用痕跡として認識しうる事実は，土偶の一部を破壊する行為の存在である。出土する土偶はほとんど例外なく壊されている。しかもそれはただ無秩序に叩き潰したなどということではなく，「もぎとる」「割り取る」といった手段によって，しかるべき部位を注意深く破損している状況が観察されるのである。そのような行為は，何かの道具を使うよりも単純に両手で行なうのがむしろ正確に遂行することができるであろう。大多数の土偶は人の掌の中で破壊できる大きさということができる。いわゆる「手に余る」大きさの土偶は少ないのである。

2　大きさの選択

土偶の大きさはまた，一型式，あるいは一系統の中でもおおまかな傾向を読み取ることができる。土偶の存続期間は非常に長く，縄文のほぼ全時期にわたり，60 余の型式に分かれる。そして各々の型式内では大きさもまた系統性をもっている。たとえば，早期の撚糸文系土器様式に伴う土偶は3cm 前後を平均的な大きさとする。また，中期の加曽利E式土器様式に伴う土偶は，ごく短期間に関東地方の中西部を中心として展開した土偶型式だが，やはり3～10cm の大きさに終始した。同様にごく短命の消長を見せた後期の堀之内

式土器様式に伴う筒形土偶は，型式の展開の過程ですこしずつ大形化する傾向は見られるものの，およそ 10～20cm の範囲でまとまっている。その他の例を列挙するまでもなく，土偶の大きさに関する縄文人の意志決定は，基本的には型式または系統ごとに行なわれたといえるだろう。あるいはそれぞれの系統を逸脱することがなかったというわけである。

中には遮光器土偶のように同一時期にありながら，30cm 級のものと 10cm 前後のものとが亀ヶ岡式土器様式の大洞 B_1 式から C_1 式期に至るまでほぼ普遍的に併存する事実もある。これについては後に触れることにするが，いずれにしても，土偶の大きさについては，一型式あるいは一系統という限定された範囲の中で論じられるべきであり，縄文時代の土偶全体を通じた普遍的基準を設定すべき性格のものではない。

3　超大型土偶

しかし一方では，各型式・系統内において他の大多数の平均的な土偶に比較して桁外れに大形の土偶が突然出現することがある。それらは概ね30cm を越え，先に述べた概念から言えば手に余る大きさということになろうが，かなり例外的存在である。もしこれらの土偶が，他の平均的大きさの土偶とは異なる意味を持つ存在であるとすれば非常に興味深いことである。そのあたりの事情を両者の比較の中に探ってみることにする。

まず，該当する事例の代表的なものを全身像で比較できるものにかぎりいくつか挙げてみよう。数値は高さを示す。（　）内は現存値である。

①新潟県長者原遺跡出土の土偶　（29.1cm）
②山梨県上黒駒遺跡出土の土偶　（25.2cm）
③長野県棚畑遺跡出土の土偶　27.0cm
④群馬県郷原遺跡出土の土偶　30.5cm
⑤宮城県伊古田遺跡出土の土偶（41.4cm）
⑥北海道著保内野遺跡出土の土偶　（41.5cm）
①～③は中期の中葉，土偶製作活動が活発に展

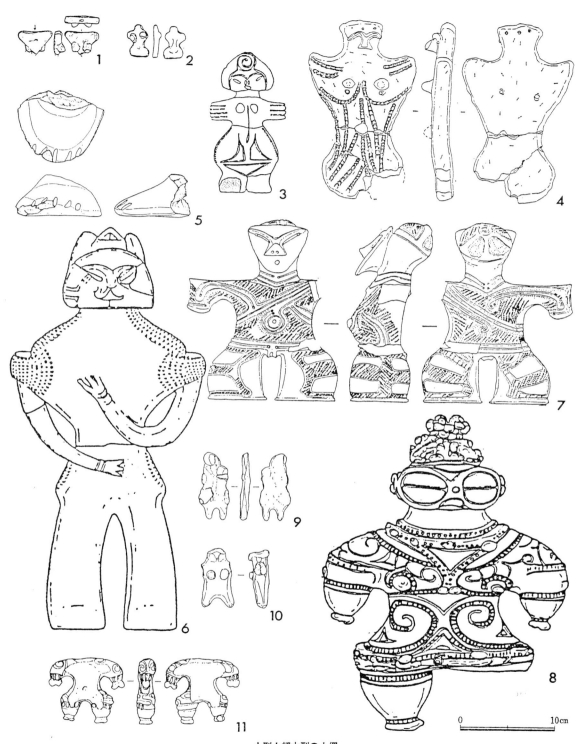

小型と超大型の土偶
1 木の根遺跡（早，千葉）　2 花輪台貝塚（早，茨城）　3 坂井遺跡（中，山梨）　4 塩ヶ森遺跡（中，岩手）
5 行司免遺跡（中，埼玉）　6 上黒駒遺跡（中，山梨）　7 辰野町（後，長野）　8 亀ヶ岡遺跡（晩，青森）
9〜11 小田遺跡（晩，岩手）

開する地域に出現した超大型の土偶である。いずれも立体的で，①③は他の補助的な支えを要することなく自立することが可能である。②は下半身を欠くが，最近では推定復元が試みられている[1]。同様の現象は勝坂式土器様式ではそのほかにも見ることができる。東京都楢原遺跡，埼玉県行司免遺跡出土の土偶はいずれも足部のみの破片であるが，同時期同型式の土偶のプロポーションから全身像を想定すると，やはり 40 cm を上回る超大型品となろう。

中期の土偶に共通する特徴は，同時期に複数の型式が共存することである。10 cm 以下で板状のものと，10 cm 以下級と 20 cm 級で自立可能なものとがある。超大型品はいずれも立体的で自立可能な形式を具えた型式の中から現われるようである。

④⑤は後期のハート形土偶の系統である。この系統の土偶は，堀之内Ⅰ式から加曽利 B₁ 式にかけて東日本の本州ほぼ全域に分布する。この時期も中期と同じように，筒形土偶や板状形土偶という異なった土偶型式が併存するが，超大型品を出したハート形系統の土偶はやはり立体的で自立が可能である。ハート形の系統は，大きさに多少の地域差がありばらつきも認められるが，20 cm 前後に大きさの分布は集中するようだ。超大型品はその中で群を抜いている。

⑥は北海道の後期の土偶で，これに関しては自立しない。中空で，よく磨かれて光沢を有し，細かい文様が丁寧に施されているのが特徴である。

以上の点を踏まえて，改めてこれらの土偶に共通する事項を整理してみると，

(1) 文様やプロポーションなどの点において，正面だけでなく，側面や背面からの視点にも対応できる立体的な造形となっている。

(2) 足部が前後に広く，安定して自立することができる。

以上の特色の他にも，これら超大型土偶が非常に丁寧に作られていることも見逃すことはできない。

(1)については，板状形式の土偶と比較するとその違いがさらに際立ってくる。縄文土偶全体を通じて共通する造形上の特徴は，その徹底した正面性と左右対称性にある。ことに板状形式の土偶の場合，側面や背面の整形や施文は正面よりも粗雑に取り扱われることも多く，視覚的にはとくに側

面観は注意されていないようだ。また，脚部表現の欠落するのも板状形式の特色の一つで，中期の円筒土器上層様式や大木式土器様式の末期に下端を分厚くして目立できる例があるほかはほとんど皆無に等しい。

4　自立形式の土偶

立体的で脚部表現を持つ土偶は，視覚的な面で初めて側面性および背面性を持つ存在となりえたといっても過言ではないだろう。足部を広げて自立可能な個体の場合には，この性格は一層強く意識されたに違いない。例えば一段高い台上に立たせた状況などを想定すると，当然 360° からの視点に耐えうる姿が要求されるはずである。

このように見るとき，①〜⑤の土偶の所属する土偶型式がいずれも立体的で自立可能な形式内容を具えていることと，この系統の中に超大型の土偶が出現することとは無関係ではなくなるのではないだろうか。

はたして，土偶における視覚的な視点とはどのような意義を持つのであろうか。先にも述べたように土偶は破壊行為をもってその主たる使命を終える。立体的かつ自立可能な土偶においても例外ではない。問題となるのは自立可能な土偶の場合，土偶の形の中にあらかじめ水平面に置くことが意識されている点である。すなわち，立て掛けたり垂下させたりしないかぎり直立できないその他の土偶との基本的な機能上の相違は明らかであり，立体的で自立可能な超大型土偶は，より鮮明にこの性格を打ち出している。

そこで，このような土偶にあっては，完成後，破壊行為を迎えるまでの間，そこに特別なプロセスが存在したことを想定しても，あながち無理な推測ではないように思えるのである。

5　土偶の大きさとマツリ

全く見方を変えれば，超大型の土偶はマツリにおいて特別な扱いを受ける存在だったのだろうか。超大型の土偶が，破壊の方法において他の平均的な土偶とは異なり比較的破損度が低いのは気になる事実である。③の棚畑遺跡例は，全く無傷で出土しているし，④の郷原遺跡例も足先と後頭部のアーチ状把手が失われるのを除くとほぼ無傷に近い。

また，先に挙げた超大型土偶 6 例のうち①③④

⑥の４例までが土壙や掘り込みなど何らかの特殊な状況に安置されていたといわれることも興味を引くが，その多くは発掘調査に伴うものではなく偶然の発見に伴う伝聞によるものであるため，真偽のほどは明らかでない。

　土偶を用いたマツリの具体的な内容を示す資料を遺跡から求めることは現状では非常に困難であり，また，遺跡から出土する土偶がマツリの後に廃棄された状況でしか存在しないことを考慮すれば，あまり立ち入った憶測は危険であるが，少なくとも土偶の大きさは基本的には型式または系統という単位の次元で決定されており，それは言い換えれば，マツリの基本的な意義を共有する広域集団の存在を裏付けている。しかし，例えばハート形系統の土偶のように東日本一帯にまで拡散するとなると，各地域集団間でマツリの内容の一部始終が統一されていたと断定するには一抹の不安が残る。現在のような日本全国の情報が氾濫する時代にあっても，祭りや儀式については非常に保守的で，それぞれ地域色を強く残している場合が多いからである。土偶のマツリの執行集団がどの程度の規模を持つのか，内容に地域差があるのかどうかは，遺跡ごとの資料の詳細な観察と今後の比較研究に待たれるところであるが，大規模なデータの集積と解析が期待できる今日では，そうした具体的な解明ももはや夢物語ではないだろう。

6　遮光器土偶の大小

　土偶の大きさとマツリの関係については，もうひとつ興味深い事実がある。前に遮光器土偶について大型と小型が共存する事実を挙げたが，両者は大きさ以外の面でもさらに決定的な相違が見られる。まず大型は中空で，文様や磨きなどの整形が非常に丁寧であるのに対し，小型の遮光器土偶は中実で，文様や整形がかなり粗雑なものも見られる。小型が大型に比較して粗雑となる背景には岩手県小田遺跡のように一度に百数十個の土偶を出土する遺跡が出現することとも関連するのかもしれない。また，関東地方の後晩期の遺跡からは，いわゆる粗製土偶が多量に出土する場合がしばしば見られるようになるが，やはり同時期の精製土偶よりも小形となる傾向があるようである。

　さらにこの時期，西日本や九州熊本県地方においても多量の土偶を出土する遺跡が出現している。九州地方の土偶については，粗製と呼べるようなものはほとんどなく，皆丁寧に整形された製品である点で他と若干区別するべきかもしれないが，いずれにしても一度に多量の土偶を必要とするマツリ，ないしはかなり頻繁に執り行なわれたマツリの存在がこの時期になって全国的に波及していた状況を意味することにほかならない。

　さて，遮光器土偶に本題をもどすが，大型と小型でもう一つ大きな相違が認められる。それは，遺跡から出土する個体，すなわち壊された状態の差異である。大型の個体が比較的遺存率が高いのに対し，小型の個体は無残にもばらばらにされ，原形を留めるものは少ない。しかも，中空と中実とで破壊の方法が異なる場合がある。これは小田遺跡で何例も認められた体部を剝ぎ取るという手法で，中空土偶ではできないこの時期独特の破壊方法である。この場合は，あらかじめ芯となる祖形を一旦焼成し，さらに粘土を上掛けして焼き上げたという指摘もある。大型中空土偶と小型の中実土偶とは，明らかに作り分けがなされ，それはマツリの重要な要素である破壊行為の方法がすでに製作前から意識されていたためと考えられるのである。このように遮光器土偶の場合には大きさの違いが破壊行為の方法自体にも深く関わっているという事実が次第に明らかとなりつつある。

7　おわりに

　土偶の大きさについては，従来真剣に取り組んだ研究は見られなかったように思う。大方は，安易に大型，中型，小型などの区分を用いているようだが，それが何に対して大型なのか，小型なのかという基準が不明確であり，先に述べたように縄文土偶全体を通じた普遍的な基準となるべき性格というよりも個別的な型式や系統ごとに論じられるべき性格ということができる。

　また，土偶の大きさを決定する集団，すなわち土偶を用いたマツリを執り行なう集団の規模や性格を論じるについては，まず地域的なデータの集積が急務である。土偶という遺物の性格上，小破片を取り扱わざるをえない状況においては，個々の破片を比較検討の資料として充分に機能させるための方法論として，土偶型式毎のプロポーションを的確に把握しておかねばならないことも指摘しておく必要があろう。

　註
1)　小野正文「黒駒の土偶」歴博 35，1989

遺跡の中の土偶

國學院大學大学院
山 本 典 幸
（やまもと・のりゆき）

土偶の考古学的コンテクストの認識は直ちに土偶
の機能差，用途差を推測する好材料とはならない

1 遺跡の中の土偶の遺存状態と出土状況

土偶は，それが出土する遺跡が集落遺跡であろ
うとなかろうと完形品として出土することはほと
んどなく，製作時の接合部で欠損していたり，指
の一部や乳房の先端などが欠けているものがほと
んどすべてである。これらの点は，土偶製作方法
の復元や壊すことを意図して造作されたのではな
いかとする土偶性格論などへの傍証の一つにもな
っている。しかし，製作時点ですでに壊すという
行為やその深層に潜む観念が，すべてに意識され
ていたとは必ずしも言えない。

また，出土の仕方については，不用となった道
具類や食べかすと一緒に出土することが多い。し
かも，出土に際する遺存状態との関係から土偶の
廃棄においては，バラバラに分割して特定の場所
ではないところにすてるという一般的な廃棄コン
テクストの想定がなされている。一方，少数の特
殊な出土状況を呈する事例を以って，土 偶 の 機
能，用途を推定したり，出土状況の差 か ら 機 能
差，用途差を推測する向きもある。しかし，完形
で使用し，廃棄する際に壊すという行為が存在し
たとするならば，欠損した土偶が何らかの施設を
伴って出土することを使用時の機能差，用途差を
含む使用コンテクストの違いとして直ちに考える
ことはできないだろう。

本論では，われわれの目にうつる土偶の遺存状
態を加味した出土状況，すなわち考古学的コンテ
クスト[1]から土偶廃棄が取り行なわれる場と 行 為
を構造化した廃棄コンテクストを 仮 説，類型化
し，具体的事例との整合性並びにそこから派生す
る幾つかの問題点について考え て み た い。それ
は，廃棄コンテクストの想定，考古学的コンテク
ストとの対応関係を抜きにして，使用コンテクス
トや製作コンテクスト，さらにはそれらコンテク
スト間の相互関係などを体系的に示すことができ
ないと考えるからである。

2 土偶の考古学的コンテクストと廃棄コン テクストの類型化

土偶の考古学的コンテクストから当時の廃棄コ
ンテクストを推定することは非常に難しい問題で
ある。それは，われわれの目に触れるまでの数千
年の間，当時の様相をそのまま留めていたという
保証はどこにもなく，反対に接合距離が非常に短
いことや実験研究などから両者の間には時間的経
過とともに，風，水，土壌作用，人間他の踏みつ
けなどの自然的，文化的要因[2]が働いていた可能
性が高いからである。

また，類型化にしても，粘土の獲得から製作，
使用，廃棄に至る一連の各コンテクストを関連，
構造化したものではなく，廃棄コンテクストのみ
に焦点をあてているため，①土偶の使用に際して
は完形であること，②故意や偶然の欠損現象を廃
棄コンテクストの構成要素とすること，③施設を
有する場合，広い意味で施設は廃棄に伴うものと
仮定しなければならず，細部において廃棄に際し
新たに構築したものか，本来の使用時の機能から
機能転換されたものかの区別がつきにくいこと，
④使用コンテクストでの場の延長上のものとして
の可能性を捨象しなければならないことなど幾つ
かの前提条件を必要とせざるを得ない。

類型化においては，Ⅰ欠損現象での故意性，偶
然性，Ⅱそれらが起こった場と廃棄処分する場と
の関係，Ⅲ施設の有無，という視点を取り上げる
（表1）。それは，土偶のもつ意味差の認識に通ず
るものであり，コンテクストが異なれば同一形式
でも意味が異なる[3]と考えるからである。その他，
分析視点として，割る時の操作や処置の仕方など
を挙げることができ，実状としてはさらに複雑で
あると思われる。因みに，Ⅰについて，故意の欠
損とは土偶の使用が終了したことを表象化すべく
意識的に土偶を壊すことを意味し，偶然の欠損と
は土偶の使用過程で無意識のうちに壊れることを
意味する。つまり，後者は前者と違って，結果と

表1 廃棄コンテクストの類型化（1）

	Ⅰ	Ⅱ	Ⅲ
①偶然性	a 接合部で欠損 b 接合部以外で欠損	①同じ遺跡に廃棄処分 ②異なる遺跡に廃棄処分	①施設有 ②施設無
②故意性	a 接合部で欠損 b 接合部以外で欠損		

表2 廃棄コンテクストの類型化（2）

類型			
A	Ⅰ（①—a）	Ⅱ（①）	Ⅲ（①）
B	Ⅰ（①—a）	Ⅱ（①）	Ⅲ（②）
C	Ⅰ（①—a）	Ⅱ（②）	Ⅲ（①）
D	Ⅰ（①—a）	Ⅱ（②）	Ⅲ（②）
E	Ⅰ（①—b）	Ⅱ（①）	Ⅲ（①）
F	Ⅰ（①—b）	Ⅱ（①）	Ⅲ（②）
G	Ⅰ（①—b）	Ⅱ（②）	Ⅲ（①）
H	Ⅰ（①—b）	Ⅱ（②）	Ⅲ（②）
I	Ⅰ（②—a）	Ⅱ（①）	Ⅲ（①）
J	Ⅰ（②—a）	Ⅱ（①）	Ⅲ（②）
K	Ⅰ（②—a）	Ⅱ（②）	Ⅲ（①）
L	Ⅰ（②—a）	Ⅱ（②）	Ⅲ（②）
M	Ⅰ（②—b）	Ⅱ（①）	Ⅲ（①）
N	Ⅰ（②—b）	Ⅱ（①）	Ⅲ（②）
O	Ⅰ（②—b）	Ⅱ（②）	Ⅲ（①）
P	Ⅰ（②—b）	Ⅱ（②）	Ⅲ（②）

して土偶使用の終了を意識することになる。この見分け方は難しく、欠損した割れ口の詳細な研究のみで事足れりといったものではないが、釈迦堂遺跡群[4]などのように地道な観察は、必要最低限の準備作業としてこれからも要求されるだろう。

また、Ⅱの場とは、厳密には特定の廃棄行動が行なわれた遺跡内のある特定の遺構ないし地点といった空間を指す概念と考えるが、例えば土偶を故意に壊した場所と廃棄処分する場所が細部にわたって必ずしも重なりあうとは限らないなど問題点も多いため、今回は場を広く遺跡として捉えておきたい。つまり、土偶破壊の場と廃棄処分の場が同一遺跡であるならば、廃棄コンテクストにおける場は一連の場と考えることにする。これを判断する方法としては土偶の出土量や接合関係の多寡などがあるが、Ⅰ同様問題点も少なくないのが現状であろう。Ⅲについても、明らかに施設と判断できるケースの有無といった現象面にのみ焦点をあてている。そのため、考古学的コンテクストに至るまでの自然的、文化的要因の介在に対する評価や施設を有する場合、施設をもたない場合と比べてその地から施設と関係する集団の行動痕跡が消えるまで、使用時での役割とは異なる何かしらの機能が働いていた可能性が強いこと、一方、施設をもたないケースでも、多数の礫、土器、石

棒、石剣などと分布域が重なる埼玉県赤城遺跡[5]と住居址床面の焼土内から土製耳飾や石剣などとともに出土した千葉県千代田遺跡[6]、人骨の上面や付近から出土した千葉県西広貝塚[7]を意味論上、同列に扱うことはできないなど依然として課題は山積みされている。とくに後二者については、廃棄コンテクスト以後の意味差の時間的継続性といった問題へと繋がっていく。

以上のような論理上の限界、分析視点および分析基準の提示と課題点を念頭に置きつつ、廃棄が行なわれる場および廃棄に係わる種々の行為を構造化した廃棄コンテクストはA〜Pの16類型に分けることができよう（表2）。しかも、各視点相互に意味論上の質的な差を見い出すことが方法論的に不可能であるから、時間的に古く溯る行為から分類していかなければならない。

3 廃棄コンテクストの具体的事例

本来ならば時期別、地域別に廃棄コンテクストのあり方を探らなければならないが、今回は北海道、東北地方の縄文時代晩期を対象に、北海道峠下聖山遺跡[8]、岩手県小田遺跡[9]、山形県杉沢遺跡[10]の3遺跡から幾つかの事例を抽出して、考古学的コンテクストから廃棄コンテクストを考えてみたい（図1—1〜3）。

1は、頭部、両腕を欠く土偶片で大洞C_2〜A式に属する。頭部と両腕は「製作時の接着面が明瞭に残っている」ため、偶然か故意かはわからないが、接合部分で欠損したものと思われる。また、土偶の残存率が低いこと、ブロック間での接

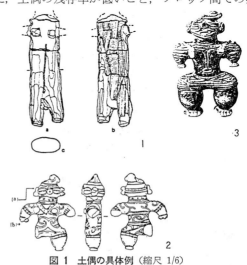

図1 土偶の具体例（縮尺 1/6）
1：北海道峠下聖山　2：岩手県小田　3：山形県杉沢

合ないし同一個体と確認できたものがわずか2例にすぎないこと，「他の遺物と混在し，各ブロックを中心とする範囲内にランダムに捨てられた可能性が高い」ことから，佐川正敏氏は「聖山遺跡内で土偶に対して，特定の意識にもとづく行為（破壊，ブロック間の移動など）が行なわれていた可能性が低」いと述べている。これらを考慮すると，1は類型Dすなわち偶然接合部で欠損―異なる遺跡に廃棄処分―施設無か，類型Lすなわち故意に接合部で欠損―異なる遺跡に廃棄処分―施設無のいずれかに該当するだろう。

2は，左腕，右脚を接合部で欠いた大洞BC式に所属する土偶片で，何ら施設を伴っていない。小田遺跡からは100点以上の土偶片が出土し，しかも大洞BC式と出土層位を同じくするものが多いということから，2は類型Bすなわち偶然接合部で欠損―同じ遺跡に廃棄処分―施設無か，類型Jすなわち故意に接合部で欠損―同じ遺跡に廃棄処分―施設無に該当するかもしれない。しかし，土偶の出土量の多寡といった裏付けにしても間接的なものでしかあり得ないため，問題は残る。また，2の中でも頭部と胴部以下が接合部分でさらに割れ，それらが1.5mという近い範囲で接合したこと，周辺では左腕，右脚が確認されていないことは，欠損した部位同士でも欠損現象に時間的先後関係や異なる意義が含まれていた可能性を推測する上で非常に興味深い事実であろう。要するに，2は類型Bか類型Jの廃棄コンテクストの可能性が高い土偶片であるが，その上考古学的コンテクストに至る間に，何らかの自然的，文化的要因を受けていたとも言えまいか。

3は，わずかに頭部の突起と左側乳房の先端を欠くだけで，故意にしかも明瞭な接合部分での欠損とは考えられない大洞C₂式に属する土偶片である。その上，「地表を掘って石囲を作り，その中に土偶を入れて蓋石をな」すといった施設を有している。そして，施設内からは欠損した箇所が見つかっていないことや，「遺跡とは関係なしに単独で発見された[11]」という指摘から，3は類型Gすなわち偶然接合部以外で欠損―異なる遺跡に廃棄処分―施設有に含まれる可能性が高いと思われる。しかし，これはあくまでも幾つかの前提条件を仮定した上での解釈であり，「土偶は，その一部が小さく壊れても，機能に関係ない場合には，そのまま用いられたり，また補修されたりし

て，繰り返し使用され[12]」るならば，3は使用時の状態，状況をそのまま示すというように「事実上の廃物[13]」として説明され，前述した前提条件に再検討を促すことになるだろう。

4　おわりに

遺跡の中の土偶の遺存状態や出土状況から，まずは廃棄コンテクストを構造的にみることができる。しかし，土偶はその大半が欠損して出土していることに再度注意しなければならない。欠けた部位は，こなごなにされない限り同じ遺跡内の別地点か，異なる遺跡のどこかに存在するため，それらの廃棄コンテクストとの相互関連性を見い出さないと，個体としての土偶の廃棄コンテクストを説明したことにはならないからである。そのためには，土偶自体の観察以外に接合関係や接合位置関係など精緻な分析を通した遺跡間での比較検討が必要となる。そして，粘土の入手から廃棄に至る各コンテクストを体系化することは，土偶を介した遺跡間の意識構造の追求へと止揚されていくだろう。

　註
1) Schiffer, M. B. "Archaeological Context and Systemic Context". American Antiquity, Vol 37, No. 2, 1972
　西藤清秀訳「考古学的情況と体系的情況」橿原考古学研究所紀要考古学論攷，9，1983
2) Schiffer, M. B. "Toward the Identification of Formation Processes". American Antiquity, Vol 48, No. 4, 1983
3) 丸山圭三郎・竹田青嗣『＜現在＞との対話2 記号学批判／＜非在＞の根拠』作品社，1985
4) 山梨県教育委員会『釈迦堂Ⅰ』1986
5) 埼玉県埋蔵文化財調査事業団『赤城遺跡』1988
6) 四街道千代田遺跡調査会『千代田遺跡』1972
7) 上総国分寺台遺跡調査団編『西広貝塚』1977
8) 七飯町教育委員会『峠下聖山遺跡』1979
9) 大迫町教育委員会『小田遺跡発掘調査報告書』1979
10) 酒井忠純・江坂輝彌「山形県飽海郡蕨岡村杉沢発見の大洞C₂式の土偶の出土状態について」考古学雑誌，39―3，1954
11) 野口義麿「遺構から発見された土偶―土偶の意義を探る2」『古代史発掘3 土偶芸術と信仰』講談社，1974
12) 藤沼邦彦「土偶―付土製仮面・動物形土製品―」『世界陶磁全集1 日本原始』小学館，1979
13) 註1) に同じ

土偶のこわれ方

國學院大學助手
■ 谷口康浩
（たにぐち・やすひろ）

土偶のこわれ方は徹底的で，完全な例はほとんどない。しかも土偶
は単にこわれているだけでなく，その破片の大部分が失われている

土偶は故意にこわされたものか否か——この問題は土偶の用途を解き明かす上できわめて重要な観点となる。これまでに発見された土偶の数は15,000点とも言われ，すでに相当な数に上るにもかかわらず，完全な例はほとんどなく，大部分が五体ばらばらの破片となっている。しかも，遺跡から発見されたそれらの破片は，ほとんどの場合，接合して元の完全な形に復元することさえできないのである。土偶破壊説とは，土偶のそうした出土状態に着目し，これを手懸りに土偶の機能・用途を論じようとするものである。しかし，故意にこわされたものかどうかについては，論拠に決め手を欠いており，懐疑的な見方も少なくない。土偶のこわれ方・こわし方をさまざまな面から再検討し，仮説を検証していく必要がある。本稿はその一つの試みである。

1　土偶破壊説の解釈

土偶がばらばらにこわれて出土することの意味に最初に注目したのは，大場磐雄・八幡一郎であろう[1]。八幡は，大場の所説として次のような解釈を示している。「土偶は完全に発見せられることは極めて稀有で，多くは首，手，足等のいづれかゞ缺失する。之は恐らく呪物であり，其一部を損傷して棄去ることにより，災禍を遁れ，悪疫を去ったのであろう」。つまり，けがや病気の身代り（形代）として土偶の身体の一部を故意に欠いたとする説であるが，これが土偶破壊説の一つの原点をなしている。民俗学者の桜井徳太郎が説く形代説[2]も，こうした考え方を継承し完成させたものと言ってよい。

土偶破壊説のもう一つの解釈は，土偶を生命力・生産力の象徴とみなし，これを分割，分配することによってあらゆるものの再生を祈るという土偶祭式の構図を想定するものであり，水野正好・吉田敦彦・磯前順一らに代表される[3]。水野によれば，土偶をばらばらにこわす行為の目的は，集落や周囲の世界にその五体の一部を配布

し，その聖なる甦りの力によってすべてのものの再生を祈ることにあったという。また吉田は，土偶のこうしたあり方にハイヌヴェレ型神話の女神殺しのモチーフを重ね合わせ，その類似性を指摘している。一方，武藤雄六・小林達雄・小野正文は，土偶の製作方法そのものが板チョコのようにもともと割りやすくできている点を指摘し，土偶の分割・分配に重要な意味があったことを説いている[4]。

土偶のこわれ方の綿密な観察からそうした仮説を実証しようとする研究も少なくない。野村崇・藤村東男・中村良幸らは，土偶の破損部位，破片の接合などを詳しく分析し，その破壊の徹底ぶりを具体的に示している[5]。藤村が九年橋・小田・立石・聖山・札苅・西広の6遺跡の土偶を集計し分析したところによると，大部分は頭・腕・脚などの破片であり，完形品は全資料677点のうちわずか3点（0.4％）に過ぎなかった。また，破片の残存部位も1部位のみが71.7％，2部位のみが15.3％で，これらの細かい破片が全体の87％を占め，全体の5分の4に相当する残りの破片が失われているという。

しかし，こうした土偶破壊説に対しては反論もある。藤沼邦彦は，岩手県立石遺跡出土の土偶破片の約1割にアスファルトによる補修の痕があることを取り上げ，故意破壊説に反論した[6]。また，土偶の破損状態についても，もともとこわれ易い部分で偶然割れたに過ぎないとする見方が根強い[7]。土偶破壊説は土偶の用途に関して魅力的な解釈を用意するものだけに，論拠となる土偶のこわれ方をさらに多くの事例から再検討する必要があろう。

2　消えた破片の行方

ほとんどの土偶が頭・腕・脚などの破片となって見つかっていることは紛れもない事実である。しかし，その事だけではなく，むしろ遺跡から発見されるそれらの破片が元どおりに接合できない

表 1 土偶の破損と接合率 （土偶点数は破片の総数、接合点数は接合した破片の点数を示す。）

遺 跡 名	土偶点数(個体数)	接合点数(個体数)	接合率(個体数)	遺 跡 名	土偶点数(個体数)	接合点数(個体数)	接合率(個体数)
滝 ノ 沢 (前 期・岩手県)	45 (42?)	6 (3)	13.3 (7.1)	上 南 部 (後 期・熊本県)	112 (108)	8 (4)	7.1 (3.7)
鳩 岡 崎 (前中期・岩手県)	72 (65)	10 (5)	13.9 (7.7)	田 柄 貝 塚 (後晩期・宮城県)	58 (52)	10 (4)	17.2 (7.7)
塩 ヶ 森 I (中 期・岩手県)	63 (57)	11 (5)	17.5 (8.8)	西 広 貝 塚 (後晩期・千葉県)	141 (138)	6 (3)	4.3 (2.2)
釈 迦 堂 (中 期・山梨県)	1116 (1098)	30 (15)	2.7 (1.4)	な す な 原 (後晩期・東京都)	56 (55?)	2 (1)	3.6 (1.8)
神 谷 原 (中 期・東京都)	53 (48)	4 (2)	7.5 (4.2)	御 経 塚 (後晩期・石川県)	91 (77)	20 (7)	22.0 (9.1)
増 野 新 切 (中 期・長野県)	51 (44)	7 (3)	13.7 (6.8)	小 田 (晩 期・岩手県)	130 (?)	8 (4)	6.2 (?)
立 石 (後 期・岩手県)	270 (244)	42 (18)	15.9 (7.4)	安 堵 屋 敷 (晩 期・岩手県)	148 (?)	15 (7)	10.1 (?)
荒 内 (後 期・岩手県)	270 (?)	30? (12)	11.1 (?)	九年橋 3次～6次 (晩 期・岩手県)	146 (?)	4 (2)	2.7 (?)
近 野 (後 期・青森県)	108 (?)	19? (4)	17.6 (?)	赤 城 (晩 期・埼玉県)	103 (48)	74 (15)	71.8 (31.3)

表 2 部位数別の出土点数と比率

部位数／遺跡	1	2	3	4	5	6	7	合 計
釈 迦 堂 (II) (中 期)	823 (89.0)	63 (6.8)	29 (3.1)	9 (1.0)	1 (0.1)			925
神 谷 原 (中 期)	36 (83.7)	6 (14.0)	1 (2.3)					43
立 石 (後 期)	130 (65.3)	36 (18.1)	17 (8.5)	9 (4.5)	4 (2.0)	3 (1.5)		199
荒 内 (後 期)	167 (67.6)	35 (14.2)	26 (10.5)	6 (2.4)	6 (2.4)	7 (2.8)		247
田 柄 貝 塚 (後・晩期)	40 (78.4)	3 (5.9)	3 (5.9)	3 (5.9)		2 (3.9)		51
西 広 貝 塚 (後・晩期)	116 (85.9)	12 (8.9)	4 (3.0)	2 (1.5)	1 (0.7)			135
吉 見 台 (後・晩期)	93 (77.5)	13 (10.8)	8 (6.7)	4 (3.3)	1 (0.8)	1 (0.8)		120
な す な 原 (後・晩期)	33 (66.0)	9 (18.0)	4 (8.0)	2 (4.0)	1 (2.0)	1 (2.0)		50
御 経 塚 (後・晩期)	55 (71.4)	17 (22.1)	3 (3.9)	2 (2.6)				77
小 田 (晩 期)	63 (52.9)	32 (26.9)	7 (5.9)	9 (7.6)	4 (3.4)	3 (2.5)	1 (0.8)	119
安 堵 屋 敷 (晩 期)	96 (73.3)	16 (12.2)	8 (6.1)	6 (4.6)	4 (3.0)	1 (0.8)		131
札 苅 (晩 期)	12 (42.9)	7 (25.0)	3 (10.7)	2 (7.1)		2 (7.1)	2 (7.1)	28
九 年 橋 (晩 期)	118 (86.1)	11 (8.0)	5 (3.6)	3 (2.2)				137
聖 山 (晩 期)	33 (82.5)	3 (7.5)		4 (10.0)				40
合 計	1815 (78.8)	263 (11.4)	118 (5.1)	61 (2.6)	22 (1.0)	20 (0.9)	3 (0.1)	2302

＊土偶を頭・胸・腕（左右）・腰・脚（左右）の7部位に分け，破片の残存部位を見た場合の，部位数別の出土点数とその比率を示す（部位不明の破片を除く）。　＊立石・西広・小田・札苅・九年橋・聖山の6遺跡分は，藤村（1983）の集計による。

事実に注意しなくてはならない。つまり，土偶はこわれているだけでなく，その破片の大部分がなくなっているのである。

少なくとも土偶は捨てられたり埋まってからこわれたものではない。また，土偶がその場でこわされ一まとめに捨てられたものならば，当然破片をつなぎ合わせることもできるはずだが，実際には破片の接合は難しく，同一個体の破片を見つけることさえ容易ではないのである。このことを土偶の大量出土遺跡について調べると表1のようになる。土偶の破片が多数出土しても，それらが接合するケースはきわめて少ないことがよくわかる。接合した例を見ても，せいぜい2～3部位の接合であり，原形に復元できるような例はほとんど見られない。完形のまま出土する確率または破片の接合によって復元しうる確率を問題にした場合，土偶は土器や土版・耳飾などの土製品に比べて著しくその比率が低いことも指摘される。また，表2は，土偶のこわれ方の程度を示すために，各遺跡における土偶の部位数別の出土点数とその比率を調べたものである。中期から晩期にわたる各型式の土偶を含むため，首の付き方や腕・脚・胴の長さ，太さ，湾曲の具合いなどによってそのこわれ方もさまざまであるが，総じて頭・腕・脚などの最小部位ないし2部位だけの破片が全体の約90％を占めている。土偶がいかに細か

図1　山梨県釈迦堂遺跡の土偶接合例

く破損しているかがわかる。しかも，そのこわれ方と残され方は，五体をばらばらに砕いて一まとめに捨てたものではなく，身体の一部をもぎ取って捨てたことを示している。ここに挙げた遺跡のように大量の土偶が出土しても，それはいわばそうした部分の寄せ集めでしかなく，残りの破片の行方がわからないのである。

土偶はやはり故意にこわされたものであろう。しかも，こわされた後にかなりの量の破片が持ち去られるか，別の地点に捨てられた可能性がある。山梨県釈迦堂遺跡（図1）では，微高地を隔て約230m離れて出土した2点の土偶片が接合した[8]。青森県大石平遺跡や東京都神谷原遺跡でも100〜150m隔てて接合した例が報告されている[9]。また，長野県増野新切遺跡では，ばらばらに割られた3体分の土偶破片が，あたかも分配されたかのように集落内の5軒の竪穴住居址から分かれて出土した[10]。こうした事例は，依然として数少ないものの，こわされた土偶片が分配されたり，遺跡の外へ持ち去られたことを示唆している。一方，土偶の破片が住居の床面から発見された例もかなり多い。長野県の中期の事例の中には，尾越遺跡第13号住居址などのように，住居の床面に穴を掘り，土偶の胴部や脚を埋め込んだ例がある[11]。このように，こわされた土偶の破片が住まいの中に持ち帰られることもあったのであろう。

土偶をこわした後にこのような破片の分配が行なわれたとすれば，一体分の土偶が別々の遺跡に分かれてあることも当然考えられる。ちなみに，中村良幸の試算によると，岩手県立石遺跡出土の244個体の土偶の推定の破片総数は，最低でも763個であり，実に500点近い残りの破片が未発見だという[12]。

3 土偶のこわし方

土偶のこわれ方の観察から注意されることは，打ち叩いて粉砕したり，鋭利な石器で傷つけたりした形跡のない点である。土偶の破片を調べてみても，打ち割ったことを示す打痕や刃物による切断痕は認められない。小林達雄が指摘しているように，土偶は掌の中で頭や四肢をもぎ取るように割られたものらしい[13]。

このようなこわし方を想定した場合，土偶が一挙にこわされたものかどうかについても見直しが

必要となろう。石核から剝片を次々と打ち割がしていくように，土偶の母体から腕・脚・頭などの各部分を何回かにわたって（あるいは別の場所で）折り取ったことも考えられる。遺跡に残された土偶の多くが，単なる「部分」の寄せ集めであることも，土偶のこわし方のそうした可能性を暗示しているように思える。また，長野県増野新切遺跡には，脚部のなくなった土偶の破損面を研磨して平らに再加工した例がある[14]。これは，土偶が何回かに分けて割られたことを具体的に示す例かもしれない。土偶のこわし方を解明していくためには，土偶の破損面に研磨や彩色などの加工がないかどうかを検討していく視点が必要となる[15]。

4 アスファルト補修の問題

破損した土偶の破片をアスファルトで接着し補修したものがあり，これが土偶破壊説への反証の一つに挙げられている。この問題をどのように理解すればよいであろうか。立石遺跡では，後期の土偶244個体のうち35個体（14.3％）にアスファルト補修の痕跡が残されていた。蒔内遺跡でも252個体のうち23個体（9.1％）にアスファルトの付着が認められた。施工の比率はまちまちであるが，類例は東北地方の後・晩期を中心に一般的に見られ，最古例としては宮城県小梁川遺跡に中期初頭の例がある。ただし，これらの破片が接着されたままの状態で出土することは稀で，大部分は再び割れて接合しないのである。

こうした補修の多さから見ても，ただ単にこわすためだけに土偶が作られたのでないことは明らかである。おそらく，土偶はこわされる前に偶像として何らかの祭儀に用いられたか，一定期間どこかに定置されていたものであろう。赤色塗彩された土偶の多いことも，偶像としての土偶のそうした用途を示唆している。そのため，焼成時のひび割れや不慮の事故によって土偶が欠損してしまった場合には，補修をする必要があったのではなかろうか。最近，青森県八戸市風張遺跡から，合掌のポーズをとるほぼ完全な形の土偶が，竪穴住居の最奥部の床面に安置された状態で発見された。しかも，両脚の部分は破損したものをアスファルトで接着し補修してあった[16]。これは土偶の用途を具体的に示す貴重な一例である。

5 すべての土偶がこわされたのか

土偶を故意にこわす行為は確かにあったらしい。しかし，すべての土偶が“こわされる土偶”であったかどうかは疑問である。土偶の中にも用途に応じて幾つかの形式（Form）が区別されていたことは当然考えられる。中期に出現し，後・晩期にかけて普及した有脚立像土偶の多くは，その出土状態から“こわされる土偶”であったことが考えられるが，早期のバイオリン形土偶や前・中期の板状土偶，三角形土製品（中期）や𝑥字状土偶（晩期）に代表される小形の抽象形土偶，晩期の象嵌土偶などは，果たしてこわすことを目的としたものであったかどうか疑わしいところである。とくに，早期のバイオリン形・三角形の小形土偶と東北地方の前～中期に見られる板状土偶の二者は，次のような点から性質の異なる別形式の土偶と理解すべきである。

① 頭・四肢の表現が未発達であり，もぎ取るべき部分が少ない。

② 頭部や胴部に貫通孔を持つものが多数あり，何かに固定したか懸垂したことが考えられる（板状土偶）。

③ 同形の岩偶がある（板状土偶）。同じ形を石で作ることの意味は重要であり，破壊を意図したものでないことがわかる。

④ 発見数が比較的少ないにもかかわらず，完形品が目立つ。また，破損しているものもこわれ方の程度が小さく，破片の接合により復元された例が多い。

早期の発生期土偶と前～中期の板状土偶は“こわされる土偶”ではなかった。両者とも顔や手足の表現は未発達であるが，乳房を表わす突起と奴凧のような外形に共通した特徴があり，定型的なその形に重要な意味が込められていたものと見られる。中期以前の段階には，この種の土偶が主流をなしていたのである。ところが，中期になり中部地方に有脚立像土偶が出現すると，土偶の製作量が爆発的に増加し，釈迦堂遺跡のように土偶を大量に保有する遺跡が突然現われてくる。“こわされる土偶”の系統は，具体的にはこの時点にはじまるのであり，有脚立像土偶の出現に土偶形式変遷の重要な画期を見出すことができる。

註

1) 谷川磐雄「土偶に関する二・三の考察」國學院雑誌，32—5，1926
　八幡一郎「日本先史人の信仰の問題」『人類学・先史学講座』13，雄山閣，1939

2) 桜井徳太郎『霊魂観の系譜—歴史民俗学の視点—』講談社，1989

3) 水野正好「土偶祭式の復元」信濃，26—4，1974
　水野正好『土偶』日本の原始美術5，講談社，1979
　吉田敦彦『縄文土偶の神話学』名著刊行会，1986
　磯前順一「土偶の用法について」考古学研究，34—1，1987

4) 武藤雄六「八ヶ岳南麓中期縄文の衆」どるめん，5，1975
　小林達雄・亀井正道『土偶・埴輪』日本陶磁全集3，中央公論社，1977
　小野正文「土偶の製作法について」甲斐路，50，1984

5) 野村　崇「木古内町札苅遺跡出土の土偶にみられる身体破損について」北海道考古学，12，1976
　藤村東男「岩手県九年橋遺跡出土土偶の損壊について」萌木，18，1983
　中村良幸「土偶考—大迫町立石遺跡出土例の分析を通して—」早池峰文化，1，1988

6) 藤沼邦彦「土偶」『世界陶磁全集1 日本原始』小学館，1979

7) 能登　健「土偶」『縄文文化の研究』9，雄山閣，1983

8) 小野正文『釈迦堂Ⅱ』山梨県埋蔵文化財センター調査報告21，山梨県教育委員会・日本道路公団，1987

9) 遠藤正夫ほか『大石平遺跡Ⅲ』青森県埋蔵文化財調査報告書103，青森県教育委員会，1987
　沼崎　博ほか『神谷原Ⅱ』八王子市椚田遺跡調査会，1982

10) 桐原　健「土偶祭祀私見—信濃における中期土偶の出土状態—」信濃，30—4，1978

11) 桐原　健，註10)前掲

12) 中村良幸，註5)前掲

13) 小林達雄，註4)前掲

14) 遮那藤麻呂・金井正彦『長野県中央道埋蔵文化財包蔵地発掘調査報告書—下伊那郡高森町地内その2—』長野県教育委員会，1973

15) 福島県三春町西方前遺跡には，胴下半部を欠く土偶の割れ口に朱彩を施した例がある。仲田茂司氏の御教示による。

16) 1989年9月9日付，東奥日報

土偶大量保有の遺跡

釈迦堂遺跡博物館
小野 正文
（おの・まさふみ）

—— 縄文中期の場合 ——

土偶の保有数には土器様式によって特色があるばかりで
なく，同一様式内においても地域的な違いが認められる

土偶が一遺跡から数十点も数百点も出土するこ
とはほとんどなく，数点程度の出土にとどまるの
が普通である。また土偶がまったく出土しない遺
跡があってもそれほど不思議ではないのである。
　釈迦堂遺跡群のように1,116個体という数は，
いままでの常識を崩すものであり，はたして中期
にこれほどの土偶が存在した意義はどこにあるの
か。発掘担当者である筆者自身も大いに疑問を抱
いてきたが，また多くの人々に常に質問される
が，残念ながら的確な答を持ち合わせていないの
が現状である。
　後期以降では茨城県立木遺跡をはじめとして，
多量の土偶を出土する遺跡[1]はいくつか知られて
いるが，いずれも集落遺跡とは異なるようで，中
期の場合はほとんどが集落遺跡の住居址である。
ここでは中期と後期以降のこうした質的差異に注
目して，中期の土偶大量保有遺跡についての分析
を試みたいと思う。
　そこで，まずは大まかな目安として中期の遺跡
で50点以上出土した遺跡を土偶大量保有遺跡と
しておこうと思う。

1　各遺跡の分析

東京都神谷原遺跡[2]

　この遺跡では中期前半の約50軒の住居址が検出
され，53点の土偶が出土している。このうち住
居址は神谷原Ⅰ期が2軒，神谷原Ⅱ期が10軒，
神谷原Ⅲ期が10軒，神谷原Ⅳ期が21軒であり，
Ⅱ期が中部地方の狢沢式，Ⅲ期が新道式，Ⅳ期
が藤内式に相当する。
　土偶はその住居址の所属時期とかならずしも一
致しないので，主に文様の検討によって時期別に
分類すると，神谷原Ⅱ期で住居址10軒に対して
6点（4，25，32，40，22，37[3]）。このうち37のみ
が住居址出土。神谷原Ⅲ期で住居址10軒に対し
て12点（13，19，23，29，31，34，35，17，21，
30，44，20）。このうち17，21，30，44，20が住
居址出土。神谷原Ⅳ期で住居址21軒に対して3

点（41，24，27）とすこぶる少ないが24，27が住
居址出土である。このなかで37と35はいずれもよ
り新しい時期の住居址から出土しているが，土偶
の継続的使用[4]を考えれば，2時期にわたるもの
として理解してもよいものである。
　次に接合は30と19があり，30は住居址から
の出土で，広場を挟んで相対する住居で，その間
の距離約150mである。19はグリット出土でそ
の間約40mである。同一個体は4と40でその
間約150m，10は同一グリットで出土してい
る。
　集落が最も安定したと思われる神谷原Ⅳ期に土
偶が激減し，また同一個体と接合例において広場
を挟んで150mも離れた地点の土偶が接合する。

長野県増野新切遺跡[5]

　この遺跡では中期後半を中心とする76軒の住居
址で44個体の土偶が出土している。住居址数に
比較して土偶の数が大量出土と言うほどではない
が，各住居址からまんべんなく出土しており，複
数出土する住居址では同一部位が出土する傾向が
認められる。住居址外は3点と比較的少ない数で
ある。接合例も3例あり，B12号住とB13号住
の手と胸，D1号住とD3号住の手と胸，D1
号住とD14号住ではやや距離があり約25mであ
る。いずれも同一区域内の比較的近い地点である。
　現在のところ唐草文土器と土偶との時間的整合
関係が不明確であるので，住居址数と土偶との関
係は十分把握されないが，約半数の住居址から土
偶が出土するという住居址出土が高い傾向にあ
る。

山梨県坂井遺跡[6]

　ここではおもに中期後半の住居址14軒で44点
の土偶が出土しているが，土偶は中期の前半から
あり，それらを削除すると約31点の土偶となる。
いずれにしても住居址数に比較して土偶の割合が
高い地域と思われる。

山梨県釈迦堂塚越北A地区[7]

　ここでは藤内式期の住居址8軒で65個体の土偶

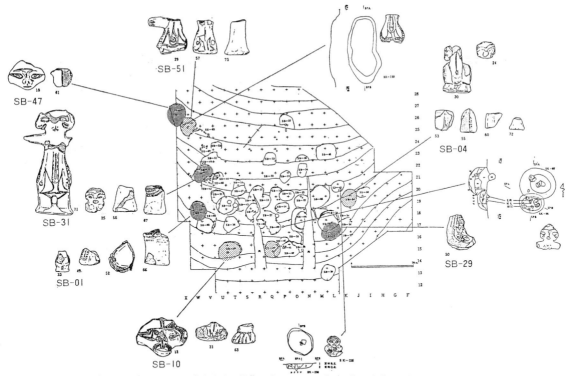

図1 釈迦堂遺跡塚越北A地区における藤内式期の集落と土偶

が出土している。しかもほとんどの住居址から土偶を出土し，グリット出土の土偶もまた集落の内側から出土しているのである。この藤内式期の住居址はおよそ2時期に分けることが可能である。また住居址ごとに土偶の形態に違いも認められる。SB-51ではA1形態，B1形態，不明の3点の土偶，SB-10ではC形態との不明の頭部と脚部，SB-04ではC形態，F形態，不明の胴部3点，脚部1点，SB-46では土偶は認められていない。またより新しい時期のSB-47では不明の頭部と胴部，SB-31ではA1形態，B1形態，不明の頭部と脚部，SB-01ではF形態，不明の臀部2点と脚部1点，SB-29ではおそらくA1形態である臀部が出土している。

土偶の全体像が不明であるが，各住居址ごとに土偶の分有関係が認められそうである。例えば"鳴る土偶"であるB1形態の土偶はSB-51とSB-31の2時期にわたって認められ，いわゆる出産土偶であるC形態の土偶はSB-10と04の同一時期の住居址に認められるが，SB-04はこの集落の有鍔付土器を2個体も出土するという特異な住居址だけに，あるいは継続的な住居であった可能性も存在する。

つまり，この集落では土偶祭式が個々の住居でとり行なわれたが，その祭式の内容に違いが認められ，ひいては集落内における住居間の有機的関係を示すものと思われる。ところが，隣接する釈迦堂遺跡群三神口平地区や野呂原地区との接合関係は一切認められていない。

山梨県釈迦堂三口神平地区[8]

ここでは中期のこの地域のほぼ全時期の土器型式が出土し，土偶も892点にも及ぶ多さである。この地区ではあまりに土偶が多いため，集落ごとの土偶保有関係は明確ではないが，塚越北A地区の藤内式期の集落と比較した同時期の住居間の土偶保有関係は，7軒の集落のうち，土偶を保有しない住居が2軒あり，ここの住居址においては保有土偶に前者のような差異は認められない。また広域的な接合関係がいくつも認められる点と，S-Ⅳ区 SB-53の新道式期の住居址のように実に23点にも及ぶ土偶の出土した例もある[9]。広域接合関係では集落の東と西の接合関係が2例認められ，いずれも約88mある。とくに注目されるのはこの三口神平地区の土器すてばと野呂原地区の土器すてばの土偶の接合関係で約230mの距離がある。原地形ではこの2つの集落間には小さな

尾根があり，それぞれの集落からでは視界には入らない。つまり，独立した集落間の接合関係である。

山梨県釈迦堂野呂原地区[10]

この地区では20軒の縄文時代住居址と135点の土偶が検出され，藤内式期の住居址は4軒であり，うち2軒は土偶を保有しない。保有する住居址のうち17号ではB1形態の"鳴る土偶"と不明の脚部，4号では頭部，C形態の土偶，おそらくはF形態の土偶の出土がある。ここでもやはり，塚越北A地区のような"鳴る土偶"と"出産土偶"の分有関係がありそうである。

2　多量出土遺跡の意味

縄文中期の土偶大量保有遺跡は集落遺跡である場合が多く，各住居址における土偶の保有関係に土偶の形態差が認められ，土偶祭式の複雑な様相が認められる。また住居址内出土例が少ない場合でも，神谷原遺跡のように各時期ごとにいくつかの形態の土偶を保有しているので，ここの住居間の土偶の分有関係は不明であっても集落としての「土偶組成」[11]は保っていたことが窺われる。

また数が多いということは，接合資料に恵まれることとなる。神谷原遺跡や釈迦堂三口神平地区

のように集落の広場を挟んだ接合例は集落内における土偶の分配関係を示すものであり，釈迦堂三口神平地区と野呂原地区における接合関係は他の集落との土偶の分配関係を示すものである。

ことに筆者らはこれだけ多量に土偶を出土する遺跡でも接合率は数パーセントに過ぎないのであるから，分割された土偶は一集落にとどまるものではなく，いくつかの集落に分配されたと考えている。であるから，集落内の住居間における土偶の分有関係と同様に個々の集落間における土偶の分有関係もまた存在したのではなかろうか。

3　様式における土偶の出土頻度の差

さて，縄文土器の様式論についてはいくつかの意見もあるが，大枠土偶を考えるには適切な概念である。中期に例をとれば，新道式土器様式[12]では東京都西部や山梨県においては土偶は多量に認められるのが，長野県では荒神山遺跡[13]や大石遺跡[14]でも土偶の数は比較にならないほど少ない。また阿玉台式土器様式ではほとんど土偶は認められない。そもそも阿玉台式土器様式の土偶が数点という数である。北陸地域の新保・新崎式土器様式では土偶は多いようである。例えば，富山県長山遺跡[15]では31点の土偶の出土を見ている。

形態／時期	A₁(坂井)	A₂(神谷原)	B₁(栖原)	C(広畑)	D(尖石)	E	F 小型	G(大形中実)	H(大形中空)
狢沢式期									
新道式期									
藤内式期									
井戸尻式期									

図2　新道式土器様式の土偶

中期後半では曽利式土器様式では釈迦堂遺跡群において多量の土偶が認められるが，加曽利E式土器様式では土偶の数はまったく少ない。ただ曽利式土器様式に隣接する東京都西部地域[16]や神奈川県北西部地域[17]では土偶はやや増加する傾向にある。ただし曽利式土器様式と唐草文土器様式の接点である居沢尾根遺跡[18]では2点という極端に少ない数の土偶出土である。唐草文系土器様式では増野新切遺跡のように多量の土偶を認めることができるが，樋口内城館跡[18]のように極端に少なく，3点の土偶しか認められない集落遺跡もある。このように土器様式によって土偶の保有数に特色があるばかりでなく，同一様式内においても地域的な違いも認められる。

また時間的な問題として，縄文土器様式のうち現在のところ土偶を欠落する様式がある。縄文前期以降土偶を多量に出土する山梨県においても前期の諸磯c式土器や十三菩提式土器，称名寺式土器に伴出する土偶は知られていない。とくに諸磯式土器様式の場合は複雑である。a式とc式には土偶を欠落するのにb式では土偶が増加する傾向にある[20]。

このように様式によっても，様式内においても土偶を保有するか否かの基本的な問題も存在し，さらには地域的な要因も加わり，土偶の存在そのものが縄文文化の基本的問題にかかわっていることを知るのである。

　　註
1) 茨城県立木遺跡は縄文後期で，総数は不明だが数百点出土したといわれている。岩手県の立石遺跡で294点，小田遺跡で130点など100点を越える遺跡が6ヵ所知られている。また千葉県西広貝塚で140点，吉見台遺跡で133点などの例が知られている。
2) 新藤康夫編『神谷原II』1982
3) 『神谷原II』の図版の遺物番号
4) 土偶の継続的使用とは，1988年の「土偶研究会」における筆者の土偶の再利用に対して，小林達雄氏が継続的使用ではないかと発言したことをうけて，筆者も土偶が土器型式の時間的枠を越えて使用されることを継続的使用と呼ぶことにしている。
5) 長野県教育委員会『長野県中央道埋蔵文化財包蔵地発掘報告書』1973（以下，『長野県中央道』と省略）
6) 志村滝蔵『坂井』1960　ほか
　　『坂井』では他の遺跡の土偶も掲載されているが，これらを削除すると，坂井の土偶の総数は44点となる。
7) 山梨県教育委員会『釈迦堂I』1986
8) 山梨県教育委員会『釈迦堂II』1987
9) 室伏徹氏によれば，山梨県勝沼町宮之上遺跡では五領ケ台式〜狢沢式期にかけての住居址で22点の土偶の出土があるという。当地方ではこのように多量の土偶を出土する遺跡が中期初頭から存在する。
10) 山梨県教育委員会『釈迦堂III』1987
11) 土偶の組成については林謙作氏や鈴木正博氏の論考があるが，中期の新道式土器様式の土偶についての組成については，いまだ全体像が判明していないが，「組成」があるらしい。
12) 勝坂式土器様式では狢沢式土器様式を独立されているが，土器の系統的変化を知る上では，むしろ独立させず，新道式土器を中核に置くことによって，土器全体の流れが理解しやすい。また系統的につながりの強いものをやや大枠に把握することが，様式的理解ではないかと筆者は考えている。
13) 長野県教育委員会『長野県中央道』1975
　　荒神山遺跡では1点の出土である。
14) 長野県教育委員会『長野県中央道』1976
　　大石遺跡では10点の出土である。
15) 神保孝造ほか『長山遺跡』1984
　　ここではいわゆる「土器すてば」からの出土であるが，まとまった数の土偶が出土している。
16) 東京都多摩ニュータウン地域や町田市鶴川遺跡群などに見られる。
17) 神奈川県下では橋本遺跡にまとまった加曽利E式土器が見られる。
18) 長野県教育委員会『長野県中央道』1981
19) 長野県教育委員会『長野県中央道』1974
　　樋口内城館跡では3点の土偶が出土している。
20) 長沢宏昌氏によれば，最近山梨県下では数点の諸磯b式土偶が検出されている。

特集 ● 縄文土偶の世界

土偶とその周辺

縄文時代には土偶のほかに，土偶と相似て異なる土製品や石製品が存在する。これらと土偶は一体どのように関連するだろうか

土偶と岩偶／土偶と岩版・土版／動物形土偶／三角形土偶

土偶と岩偶

北上市立埋蔵文化財センター
稲野 裕介
（いなの・ゆうすけ）

岩偶は分布を東北北部以外に広げることがほとんどできなかった点が，同地に同様発生した遮光器土偶との大きな差異である

　土偶は人の形を粘土で作ったもので，縄文時代を通じて広く作られており，縄文文化を代表する遺物と称しても過言ではない。一方人の形を石を用いて作った遺物もあり，岩偶と呼ばれているが土偶と比較すると時期・地域ともに限られている[1]。本稿では亀ヶ岡文化と呼ばれている東北地方縄文時代晩期の遺跡から出土する岩偶とその分布について概観し，さらに他の遺物との分布のありかたについて検討する。

1　形　態

　従来，亀ヶ岡文化における岩偶は「土偶をそのまま石で作ったもの」などといった説明が行なわれている。一方，筆者は亀ヶ岡文化に伴う岩偶を集成したうえで，岩偶とほぼ同時期の所産と考えられる遮光器土偶との比較を行ない，共通点と差異について次のような指摘を行なった[2]。
　まず，次の点が共通する。
　1.　乳房を作りだし，女性像と考えられる。
　2.　破損品として出土する。
　3.　少数ではあるが，破損面にアスファルトの塗布が認められ補修をうかがわせるものがある。
　しかし次の点は異なっている。
　1.　材質

　2.　岩偶が白色の石材を選択するのに対し，遮光器土偶は黒色に磨かれている。
　3.　岩偶の頭部はほぼ球形を呈するのに対し，遮光器土偶では冠状の装飾を作り出す。
　4.　岩偶には遮光器土偶にしばしば見られるような鼻は表現されない。
　5.　岩偶の眼は楕円形の区画を行なっただけのものがしばしばみられるが，遮光器土偶では必ず横位の沈線が加えられる。
　6.　岩偶の口は三角形・十字形など兎口状の表現がしばしば見られるが，これは遮光器土偶には見られないものである。
　7.　岩偶の腰には腰みの状の表現が行なわれることが多いが，遮光器土偶ではパンツ状の表現となる。
　8.　岩偶に性器を表わしたものは知られていない。遮光器土偶にはしばしば見られる。
　岩偶と遮光器土偶の差異のうち，1と2は原材料の差であり，3と4も材質による制約として解釈することもできる。しかし乳房を表現することができるのであれば鼻を作り出すことは必ずしも困難なこととは思われない。5〜8は材質とは全く無関係の問題であろう。
　以上のことから筆者は岩偶と遮光器土偶の関係

図1 遮光器土偶(1)・岩偶(2・3)・岩偶形土偶(4~6) (縮尺約 1/4)
1岩手・二子貝塚[6], 2青森・十腰内[2], 3青森・野面平[2], 4~6岩手・豊岡[3]

は「岩版と土版」,「石冠と土冠」,「内面渦状土製品と同石製品」などのような, 同一の形式を異なった材質で製作したものであるとは考えない。一方, 後に分布の稿で示すように, 岩偶と同様の形態をとる土偶の存在が認められている。

2 出土遺跡と分布

亀ケ岡文化における岩偶は岩手県北部から青森県東部を流れる馬淵川, とくにその中流域を中心に分布する。青森県野面平遺跡・石亀遺跡・小向遺跡・岩手県蒔前遺跡などから多数の岩偶が出土している。また岩手県裏綿遺跡・金沢屋敷遺跡・秋田県尾去沢遺跡なども水系は異なるものの馬淵川流域の影響の強い周辺地域と言えるものであろう。

また, 青森県の西部(津軽地方)では十腰内遺跡・細野遺跡から優品が出土している。また土井Ⅰ号遺跡からは岩版に近い形態をとるもの, 岡町遺跡からは省略された作りの岩偶が出土している。しかし各遺跡とも1点ずつの出土である点, 膨大な遺物の出土で知られる亀ケ岡遺跡の出土例がこれまで1点も紹介されていない点などを併せて考えると, 津軽地方は岩偶の分布の中心からはずれた地域と言えるであろう。また秋田県では湯出野遺跡と藤株遺跡でそれぞれ他に例のない形態の岩偶が出土している。

一方北上川流域に眼を転じてみると, 上流域では若干例が出土しているものの, 中流域の遺跡からの出土例は知られていない。この地域では近年, 岩手県手代森遺跡・小田遺跡・安堵屋敷・九年橋遺跡などの縄文時代晩期の遺跡の発掘調査が実施され多数の遺物が出土しているが, いずれの遺跡からも岩偶の出土は報告されていない。北上川の流域では現在のところ岩手県蒔内遺跡が南限である。

ところで北上川上流域に位置する岩手県豊岡遺跡からは岩偶は出土していないが, 岩偶と同様の形態をとる土偶が出土している[3]。これらは, 1. 球形の頭部, 2. 沈線による楕円形の両眼, 3. 沈線による眉上の表現, 4. 兎口上の表現, 5. 襟巻状の表現, 6. 大きく湾曲する形から腕先への表現など, 岩偶と共通する特徴が多い。豊岡遺跡の岩偶形土偶は分布圏の周辺における材質の変化として解釈できる。

3 分布圏の比較

亀ケ岡文化圏では岩偶のほか, 土偶, 岩版・土版, 土面, 亀形土製品, 耳飾り, 内面渦状土(石)製品, 石棒・石剣・石刀, 独鈷石, 石冠・土冠, 玉類などいくつもの第二の道具と呼ばれる遺物が残されているが, その分布圏のあり方は一様ではない。本稿では岩偶と同様東北地方北部に発生が考えられる岩版・土版と内面渦状土(石)製品および遮光器土偶を例とし, 遺物の分布のあり方について考えてみたい。

岩版・土版 天羽利夫によって次のことが明ら

73

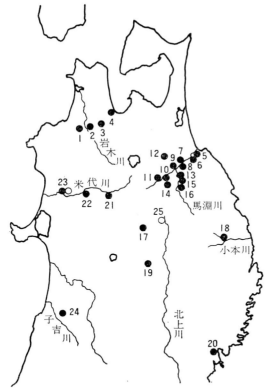

図 2 東北地方晩期岩偶出土遺跡分布図

岩偶
1　青森県弘前市十腰内
2　〃　板柳町土井Ⅰ号
3　〃　浪岡町細野
4　〃　青森市岡町
5　〃　八戸市是川中居
6　〃　八戸市八幡
7　〃　名川町寺下
8　〃　名川町平
9　〃　南部町小向
10　〃　田子町野面平
11　〃　田子町石亀
12　〃　十和田市明戸
13　岩手県二戸市雨滝
14　〃　二戸市金田一川
15　岩手県二戸市橋場（九戸城跡）
16　〃　一戸町蒔前台
17　〃　松尾村金沢屋敷
18　〃　盛岡市繋内
19　〃　岩泉町袰綿
20　〃　陸前高田市二日市（貝塚）
21　秋田県鹿角市尾去沢
22　〃　鷹巣町藤株
23　〃　二ツ井町麻生
24　〃　東由利町湯出野

岩偶形土偶
23　秋田県二ツ井町麻生
25　岩手県岩手町豊岡

かとなっている[4]。

1. 晩期初頭に馬淵川流域で発生し，しだいに分布を関東地方まで拡大させた。
2. 一方，北海道では1点も出土しておらず，分布の圏外と考えられる。
3. 発生時にはすべて石製であったものが次第に土製へ交替する。

内面渦状土（石）製品　イモ貝と同様の形態をとるもので土製品と石製品とがあり，さらに内面の渦巻は右巻のものと左巻のものとの2種類がある。馬淵川流域以北と北海道渡島半島，さらに石狩平野にまで分布するが，馬淵川流域ではすべて土製であり，分布の周辺地域で石製となる。また右巻きのものは馬淵川流域に限って分布が認められる[5]。

遮光器土偶　遮光器土偶は亀ヶ岡文化を代表する遺物であり，また圏外からの出土が古くから亀ヶ岡文化の他地域への波及を示すものとして取り扱われているが，分布に関する研究が充分に行なわれているとはいえない。遮光器土偶は東北地方全域で出土するが，その他の地域でもこれを模したものが出土している。その範囲は北は北海道，西は近畿地方にまで及んでいる。

以上のことから東北地方北部に発生が考えられる諸遺物にも分布についてみると次の4つの型を指摘することができる。

1. 分布圏をほとんど拡大することのできない遺物（岩偶）
2. 分布圏を南に拡大することのできない遺物（内面渦状土＜石＞製品）
3. 分布圏を南に拡大したが，関東地方で留まるもの（岩版・土版）
4. 分布圏を近畿地方まで拡大したもの（遮光器土偶）

このように分布圏をほとんど広げることのできなかったことが岩偶の特徴であり，この点においても遮光器土偶との大きな差異を指摘することができるとともに，亀ヶ岡文化における地域性を考える際に，重要な役割を果たす資料と言えるであろう。

註
1) 縄文文化に伴う岩偶は東北地方前期，同晩期のほかに九州地方後期のものが知られている。また愛媛県上黒岩遺跡出土の早期の線刻礫や東北地方北部の弥生時代の石偶なども岩偶の関係を検討すべき遺物である。また東北地方前期の岩偶については次の文献に詳しい。
　　村越　潔『円筒土器文化』雄山閣，1974
2) 稲野裕介「岩偶」『縄文文化の研究9』1983
3) 稲野裕介「岩手県岩手町豊岡遺跡出土の岩偶形土偶」考古風土記，6，1981
4) 天羽利夫「亀ヶ岡文化における土版・岩版の研究」史学，37—4，1965
5) 稲野裕介「亀ヶ岡文化における内面渦状土（石）製品とその分布」史学，52—2，1982
6) 佐々木和久「久慈市の大遮光器土偶と琥珀製玉類の工房址」九戸文化，創刊号，1984

土偶と岩版・土版━━━━━━━━━ ■ 稲野彰子
（いなの・あきこ）

亀ヶ岡文化はそれまでの第二の道具に加えて新しく岩版・土版を
出現させた。当時の精神活動の中で何が必要とされたのだろうか

これまで岩版・土版はその用途を考える際に，土偶をぬきにして語られることはほとんどなかった。両者の関係については形態と文様の類似あるいは差異を主張したもの[1,2]，形式の概念から形態の相違を指摘したもの[3,4]，編年を基礎として岩版・土版の初現形態と土偶を比較したもの[5]など，いくつかの立場から検討されてきた。またそれらの結論は，①岩版・土版は土偶から派生，退化したもの，②土偶と岩版・土版は無関係のものの二通りがある。現在のところ後者の論拠の方が妥当性が高く，その後の出土例もこれと矛盾しない。

"土偶と岩版・土版は無関係に発生し，両者が形式をこえて各々の遺物に近づくことはなかった"

しかし，そうではあっても岩版・土版に人体を表現したものが存在し，また土偶にも板状のものがあって，両者の区別がつきかねる資料は少なくない。これらをどう解釈するかという問題は依然未解決である。さらに形態上の比較に加えて，当時の精神活動の中で土偶と岩版・土版がどういう役割を分担していたのかといった"関係"についても検討されるべき課題である。

ここでは岩版・土版が出現した東北地方の晩期の資料を中心に，両者の属性と個体の状態にどのような相違があるかを明らかにしながら，これらの問題について考えてみたい。

1 土偶と岩版・土版の比較

（1） 形 態

土偶は人間を象ったものであり，五体を揃えたもの，すなわち部位をもつものである。中空，中実があり，いわゆる遮光器土偶，省略土偶，屈折像土偶などの定形的なもの以外にも種々の形態がある。

岩版・土版は円形，楕円形，隅丸方形，方形の板状の製品で，これらの形態があるものを象ったり，表現したものとは考えられない。上下，左右に対称形で，部位が認められない。この中に人体の一部を表現したものが認められ（図1），人面を描いたもの[6]（1〜7），頭部あるいは突起をもつもの（8），乳房を作り出したもの（9）がある。

岩版・土版全体の約1割にこのような人体表現が施されるが，時期によって，はやりすたれがある。すなわち，初現形態には全く認められないが，次の段階の大洞BC式期では約26%，続く同C_1式期では16%と高い割合を示し，それ以降は再び減少する。しかしながら，これらの表現によって岩版・土版本来の形状が大きく変わることはない。

（2） 文 様

岩版・土版の文様は土偶と比較して次のようなことを指摘できる。

①岩版・土版は文様の配置が整然としている。

②岩版・土版の文様は時間的な変遷が比較的単純で，かつ連続的である。

③岩版・土版の文様には縄文がほとんど認められない[7]。

①はその形態が平面的なことにもよるが，上下，左右あるいは点対称の文様配置であるため，形態と同じく文様によっても同一の部分に損壊することが可能である（図2）。

また②のようなあり方は岩版・土版の文様が他の遺物の時期的な変遷と歩調を合わせながらも，ほとんど独自に展開したものと考えられる。

さらに③は岩版・土版の初現形態が岩版のみで占められることを考え合わせると，これらの製作，施文にあたっては石製品の伝統が残っていたことも推測される[8]。

（3） 破損率と接合率

廃棄時の個体の状態のうち破損率と接合率について岩手県北上市九年橋遺跡の例を参考にみてみたい[9]。九年橋遺跡は大洞C_2〜A式の時期に廃棄場所として利用され，何層もの遺物包含層から土偶667点，岩版・土版58点（ともに破片数）を含む大量の遺物が出土した。

破損率：土偶 100%

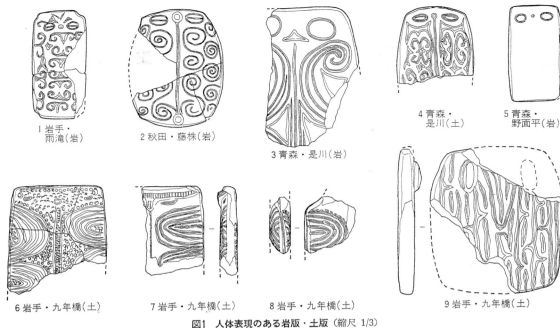

図1 人体表現のある岩版・土版（縮尺 1/3）

接合率[10]：
岩版・土版 95％（完形資料 3点）
土偶 3.2％（563個体中 18例）
岩版・土版 22.2％（45個体中 10例）

破損率は土偶，岩版・土版とも高いが，土偶がすべて破損品で，損壊が使用過程の中で欠くことのできない行為であったと考えられるのに対し，岩版・土版は少ないながら完形品が存在し，必ずしも損壊が必要な行為とはなっていない。

また，接合率は土偶が低く，岩版・土版はそれに比べると非常に高い。土偶は各部位が同じ場所に廃棄されることはほとんどないのに対し，岩版・土版は破片をある程度まとめて廃棄したか，数次にわたって同じ場所に廃棄したものと考えられる。

2 結 論

以上の比較から土偶と岩版・土版の相異点をまとめると次のようになる。

①土偶は人形（ヒトガタ）を表現した具象的な形態であるのに対し，岩版・土版は具体的な形を表現したものではない。すなわち土偶が原則として五体からなる部位をもつのに対し，岩版・土版にはそれがない。
②土偶は部位ごとに損壊され，各部位は各々異なった破片となるのに対し，岩版・土版は損壊した際，形態，文様とも同じような部分に分割される。
③岩版・土版は文様に独自の変遷が認められる。
④岩版・土版は土偶よりも完形品の割合と接合率が高い。

これらの点から土偶と岩版・土版の間に次のような関係を推定した。

岩版・土版は東北地方の晩期に遮光器土偶とほぼ同時に出現する遺物である。この時期の土偶はいくつかの定形的な形態が同時に認められ，その機能が分化したこと，使用目的がより限定されていたことが推測される。岩版・土版もこのような精神活動の多様化を背景に出現し，土偶とは全く別個の役割を担う道具として作られたと考えられる。

また，岩版・土版は岩偶，土偶の人体表現の一部を取り入れることがあるが，時期が限られ，本来の形態，文様を損なうことはないことから，土偶の機能と直接結びつける必要はないと考える。一方，板状あるいは四肢を省略した土偶についても先に述べたような土偶自身の形態の多様化によって生じたものと考えられ，岩版・土版が板状であることとは無関係と推測される。

さらに土偶に部位が認められ，部位ごとに損壊を行なうという点に注目すると，土偶は身体に関

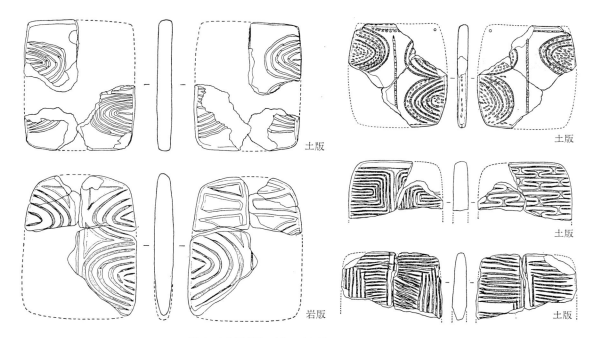

図 2 九年橋遺跡の岩版・土版接合資料（縮尺1/3）

係した役割を担ったものと推測される。また土偶に完形品が全くないことから、使用の目的として必ず損壊を行ない、接合率の低さは損壊された部位と残る部位が異なる意味をもち、損壊後も何らかの行為があったことを予想させる。

これに対し、岩版・土版は外見上身体的側面は乏しく、損壊された各部分に現われる差異はせいぜい大小の違いがあるのみである。したがって損壊された各部分は等しい意味を持ち、等しく扱われ、同一の場所にある程度まとめて廃棄されたと考えられる。

最後に関東地方の岩版・土版についてふれておきたい。同地方では人体表現を持つ例が多く、さらにそれが立体的であったり、四肢頭部が突出して東北地方のものよりはるかに土偶との区別が困難なものがある。この時期すでに同地方では土偶の衰退が始まることを考慮すると、両者の関係は東北地方とはやや異なっていたかもしれない。

第二の道具がどのような用途をもち、その役割を分担していたかを明らかにするために、遺物ごとの観察、分析に加え、廃棄のサイクルや廃棄時の組み合わせに注意をはらう必要がある。

註
1) 大野延太郎「石器時代土偶系統品と模様の変化に就て」東京人類学会雑誌, 184, 1901
2) 鳥居龍蔵「日本石器時代民衆の女神信仰」人類学雑誌, 37―11, 1922
3) 中谷治宇二郎『日本石器時代提要』1929
4) 小林達雄「縄文晩期に於ける＜土版・岩版＞研究の前提」物質文化, 10, 1967
5) 天羽利夫「亀ヶ岡文化における土版・岩版の研究」史学, 37―4, 1965
6) 人面表現には遮光器土偶に類似したもの（図1―1・2）、岩偶に類似したもの（3～5）、それ以外のもの（6・7）の3種類がある。
7) 東北地方の全時期を通して縄文を施した岩版・土版は青森県八戸市是川遺跡、宮城県名取郡金剛寺貝塚、福島県須賀川市一斗内遺跡の3例のみである。なお、関東地方ではむしろ縄文を用いる例が一般的であるが、これは同地方が最初から土版を主体的に製作したためと考えられる。
8) 土偶は中空にする技術をはじめ、文様のモチーフ、展開において土器、とりわけ壺や注口の製作に近い技術をみることができる。
9) 北上市教育委員会『九年橋遺跡第3次～第11次調査報告書』1977～1980, 1984～1988
10) 報告書刊行後の作業によるもので、土偶は破片数582点について接合関係をみた。また土偶、岩版・土版とも接合資料のほか同一個体のものを含み、廃棄後に破損したと考えられるものは除いた。

動物形土偶

市原市教育委員会
■ 米田耕之助
（よねだ・こうのすけ）

動物形土製品が狩猟に際して宗教的儀礼に供せられた可能性は強い
が，シカを表現した例が皆無であることは今後の研究課題となろう

1　動物相と土製品

縄文時代の人々が残した遺物の中に，動物の姿を模した土製品を見ることができる。これを動物土偶あるいは動物形土製品と呼んでいるが，「偶」の字は人を意味する語であるので，動物形土偶と呼ぶよりむしろ動物形土製品とした方が適切であろう。

縄文時代では，動物は最も貴重な食料源であり，また，肉以外の部分においても骨・牙・角などは，道具あるいは装飾品として加工され，皮についても敷物などに利用されるなど，幅広く活用できるため，動物に対する狩猟行動は，日常生活の上で大きなウエイトを占めていたものと思われる。

人が動物の姿を模して形とする場合，いかなる理由によるのであろうか。現代では縫ぐるみや観光土産の木彫りなどを第一に挙げることができるが，狩猟・漁撈・採集といった経済基盤に立脚し，現代とは生活様式の大きく異なる縄文人が，動物を観る場合，現代人の動物に対する印象とはかなり隔りがあると思われ，彼らがあえて動物の形を表現した製品を作り出す背景には，何か特別な理由が存在していたものと考えられる。

また，その模造の対象となった動物相は，彼らの身の回りに居た動物全般にわたるものではなく，イノシシ・イヌ・サル・カメ・ムササビなど限られた動物たちであり，時期的には後期〜晩期に多く作られていることも特徴的である。

なお，中期の勝坂式期によく見られるヘビが土製品の中には認められず，あるいは動物意匠であっても土器の一部として装飾的に用いられるのと，土製品として単独で表現するのとでは異なった意味を持っていたものと考えられる。

2　動物形土製品の研究

動物形土製品が注目されたのは意外と古く，すでに明治時代に幾つかの報告がある。

佐藤伝蔵によるものが最初と思われるが，佐藤は，人の形を模した土偶は多く発見されてきているにも拘らず，動物を模造した製品が出土していなかったことについて，「本邦石器時代遺跡よりして人類の形を模せる土器則ち土偶を出せることは前已に述る所の如く夥多なるに拘らず，未た一個の動物の形を模せる土器を出さゞりしは余輩の私かに奇とせし所なり（中略）是れ従来余輩の胸中に蟠まる疑問なりしなり。然るに今回の発掘に於て偶然二個の動物の形を模せるものを得たるは実に従来已に知り得たる本邦石器時代人民に関する事実に一大新事実を加へたるものと云はざるへからす」[1]　と述べ，それまで動物の姿を模した製品の発見例がなかったことへの疑問と偶然発見された2点の動物形土製品の意味の大きさを述べている。

大正時代になるとトーテムの関係から動物形土製品を捉える動きが出てくる。

谷川磐雄は，動物を模したものを，1単独に動物を模したもの，2土偶的に作られたもの，3把手として作られたもの，4装飾品として作られたもの，5彫刻せられたものの五つに分類し，「動物形模造品は一種の宗教的遺物であると信ずるに至った。宗教的遺物とすれば果して如何なる目的の為につくられたか，当時の石器時代民衆にTotemismが存在した事を肯定しようと思ふ。（中略）Totemたる動物は保護者であり，又Tabooである。こういふ意味から，これ等の動物模造品は護符として身体に附着したものであると解することができる。」[2]と動物形土製品の存在からトーテムが縄文時代に行なわれていたことを説いており，谷川の論文は，一つの遺物を通じて往時の精神文化をも探った論文として評価されるべきものである。

しかし，こういったトーテムの存在に否定的な意見もあった。例えば，両角守一は「徒然の時にナチュラルの芸術衝動から目に触れる事物，動物を主材に，色々のものが作り出されたものではな

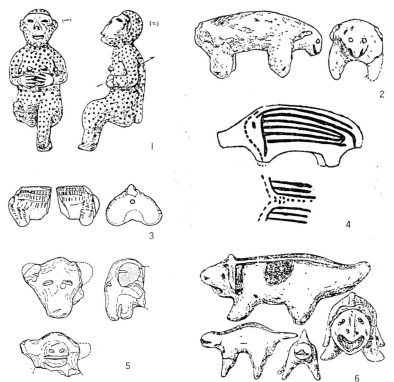

動物形土製品（サル・クマ・イノシシ・イヌなど）
1：大野「石器時代土製の猿」より、2：大野・松村「陸奥地方旅行見聞録」より、4：江坂「福島県飯坂町発見の猪形動物土偶」より、6：大野「机上の友㈠〔石器時代の動物〕」より，3・5：西広貝塚出土例

いであろうか。勿論前にも述べた如く中には宗教的思想に胚胎したものもあるが茲に説述する土製猪の如きは，実物の感じも全然トーテムと目すべきものではなく，当時山野に棲息し彼等の捕って以て饗膳に供へた野猪を見て気紛れ的に作った一種の玩具と思考さる。」[3]と述べているように，中には宗教的思想による動物形土製品の存在する可能性を認めながらも一種の玩具として，イノシシなどの動物形土製品が製作されたと考えている。

こういった宗教的思想を背景に考える方法とは別に，イヌを模したと思われる土製品の出土例に着目して，イヌ形土製品の形状把握から，縄文時代の家犬について論考を加えたものとして斉藤弘の論文がある。

斉藤は，「何れも家犬に間違いない型に出来て居る。動物中この様に尾を背上に巻くは家犬に見るのみであって，原始文様中には動物本来の形態を変へて図案的に渦形の尾を表すものもあるが，以上の土偶は尾の形まことに写実的に出来て居って，図案的意途のもとに故意に巻尾に作ったものでないことは明かである。（中略）以上の犬の土偶によって本州史前家犬特に東北地方史前後期の犬は巻尾であったと云ふ事実に Nr.1 によっては立耳巻尾であったと云ふ事実が判明する。はっきりと犬と確認出来ぬ土獣でも挿絵に見る如く Fig 2 の耳欠除以外のものは総て立耳に作られる等も史前家犬の立耳を證するものであろう。

ここに疑問とするは本土史前家犬遺骨を研究すると全く相異なる数型ある。体格は別とし外貌的にも少なくとも二型以上あることは明瞭であるのに其の何れもが立耳巻尾の共通特徴をもって居ったかどうかと言ふことである。

私は立耳巻尾が原始的家犬に最も通有普遍な形の一つであり特に次の如く東亜の家犬に此の形の多いことより考へて，我国史前家犬の各型も耳と尾の形が略同様の特徴を持って居ったのではないかと考へる。」[4]とした。

しかし，これらイヌ形土製品の多くが，縄文時代の製品ではなく，近世の作品であることが後に江坂輝彌によって確認されているため[5]，斉藤の史前家犬の形状把握は根底からくずれることとなるが，遺物から往時の家犬の生態を探ろうとした斉藤の方法自体は評価さるべきものであろう。

以上，簡単ではあるが，動物形土製品から派生した幾つかの研究を瞥見した。

これらを見ると，動物形土製品の用途については，単に気紛れ的に作られた玩具とする考えと，谷川に代表される宗教思想を反映した遺物として捉えるといった二つの考え方が主体をなすようである。

3 対象となる動物

動物形土製品の対象となる動物では，とくにイノシシが多く，分布は北海道から近畿地方に広がるが，東北地方に分布の中心を持つようである。また，時期的には，後期〜晩期の限られた時期に作られている（ただ，宮城県座散乱木遺跡から，縄文

時代草創期と考えられる有舌尖頭器に伴って，動物の頭を形どった土製品がローム層中から1点出土しているが，後・晩期の所謂動物形土製品とは系譜を別にするものであろう）。

人の形をした土偶が，早くも早期中葉から現われ，北海道から九州の広い地域で作られていることに比べると動物形土製品は，土偶ほど縄文人にとって利用頻度は高くなかったものと考えられる。

イノシシが縄文人にとって貴重な食料源となっていたであろうことは，貝塚など当時の獣骨をよく残す遺跡の調査例からも容易に窺うことができるが，当時イノシシと並んで多く食されていたと思われるシカが，動物形土製品出土例中に全く見ることができない。

シカ・イノシシの骨は，ともに貝塚から最も多く出土する獣骨であり，骨・角・牙はよく道具としてあるいは装飾品として加工され，日常生活に活用されている。しかし，一方のイノシシのみが作られる背景の相違は何であろうか。シカを粘土で表現するのは，イノシシに比べ角があるため困難であったかも知れないが，土器・石器あるいは骨角器などを，精巧で佳麗な製品に仕上げることのできる縄文人が，シカを表現できぬ訳はなく，また，イノシシについては瓜坊を表現した例のあることから，シカについても角のない子供を対象とした土製品を作り出してもよいはずである。しかし，実際にシカは彼らの動物像の対象とはなり得なかったのである。

弥生時代になると，壺あるいは銅鐸の表面に描かれている動物たちは，シカが圧倒的多数となり，イノシシはごくわずかしか見られない。しかし，古墳時代の形象埴輪には，またイノシシがよく見られるようになってくる傾向があり，興味ある現象である。

4　狩猟と土製品

前述したように，縄文時代の動物形土製品は，後期〜晩期に集中する傾向にあり，この時期に動物に対する何らかの意識が高まったことを示唆している。

貝塚の調査例を見ると，晩期に獣骨の出土例が急増することがよくあり，このことと動物形土製品との間に何らかの因果関係があるように思われる。

私の調査した千葉県西広貝塚でも晩期になると，後期に多く採取されているハマグリ・キサゴに代表される貝類は激減するが，シカ・イノシシなどの獣骨類は急増し，これら獣骨が集中的に出土する個所が幾つか見られた。また，動物形土製品も，瓜坊を表現したもの，イヌかオオカミを表現したもの，ムササビと思われるものなどが晩期の所産として出土している。

北米のズニ族は，狩猟に先立って狩りの対象となる動物の像を作り，石鏃をしばりつけることによって，放つ矢が目標とする獲物に命中すると信じ[6]，また，アイヌではイノカと呼ばれる動物形の木製品を所持することによって，猟運に恵まれると信じられている[7]。

縄文時代に作られた動物形土製品が，このように狩猟に際しての祭祀的道具として，宗教的儀礼に供せられた可能性は充分にあると言えよう。とすると，シカを表現した例の皆無なことは，何を意味するのであろうか。幾つかの原因を考えることができる。例えば，

(1)　シカとイノシシとでは，狩猟の方法が異なっていた。

(2)　儀式を行なわずとも容易に捕獲することができた（大量に棲息。冬場に群をなす）。

(3)　フィールドサインが見つけやすい。

(4)　性格がおとなしいため危険性が少ない。

などを挙げることができるが，一方，シカは年に1回1匹しか子供を産まず，イノシシは1回に5〜6匹，時には年に2回子供を産むこともあるなど，簡単には解決できない問題である。縄文人がシカ像を製作しなかった原因の究明は，今後に残された一つの課題といえよう。

註

1)　佐藤伝蔵「陸奥国亀ヶ岡第二回探究報告（前号の続）」東京人類学会雑誌，11—125，1896

2)　谷川磐雄「石器時代宗教思想の一端㈠㈡」考古学雑誌，13—4・5，1922

3)　両角守一「諏訪郡長地村字中村発見土製猪に就て」史前学雑誌，1—2，1929

4)　斉藤　弘「本邦先史遺跡発見の犬の土偶と史前家犬の形態」史前学雑誌，15—1，1940

5)　江坂輝彌「動物形土製品」『土偶芸術と信仰』1974

6)　甲野　勇「動物土偶と狩猟生活」『日本原始美術』2，1964

7)　大塚和義「動物形土製品」『縄文人の生活と文化』1988

三角形土偶 ―――――――――――――――

新潟県教育委員会
田辺早苗
（たなべ・さなえ）

三角形土偶は東北地方を中心に新潟，福島付近にまで分布する。
時期は中期後半から後期初頭にかけてあり，安定した形式を保つ

1 三角形土偶の研究

三角形土偶とは，一般に三角形土版と呼ばれてきたものである[1]。角の丸い三角形またはＹ字形をしており，断面は表面中央から裏面外端へ向けて，球面のように緩く湾曲しているものが大半を占める。さまざまな文様のものがあるが，頂角を下にした逆三角形において観察すると，左右対称に構成され，胸・臍などの人体表現が顕著に見られるものもある。また，かたち全体をながめると，両手を広げた人間のように見える。「（三角形土版は）板状土偶から変形したもので，土偶の一変種であるという考え方に変ってきました。」[2]「三角形土偶」と呼ばれるゆえんである。

三角形土偶は，1932年八幡一郎によって初めて紹介され[3]，次いで1936年近藤親子によって「糸巻形三角土製品」と初めて命名された[4]。その後，滝口宏・西村正衛[5]，寺村光晴[6]，江坂輝彌[7]，成田英子[8]，金子拓男[9]らの研究がある。

三角形土版には，土器片を利用したものを含める考えもあるが，これはむしろ円形の土器片円盤と同類とみるべきものである。つまり，「三角形土偶」は製作時から＜かたち＞をイメージ[10]して作られた安定した形式なのである。

また，三角形土偶は，形状が三脚石器や三角形岩版と似ていることから，いっしょに研究されることが多い。しかし，三脚石器は使用痕の観察から実用の利器であることが確認されており，三角形土偶とは直接関係しない可能性が強い。

なお三角形岩版は，同一形式内の変種とみるべきものと考えられる。しかし，材質が異なることからここでは除外したが，便宜的な理由にすぎない。

2 分布と時期

三角形土偶は東北地方を中心に，現在約60カ所の遺跡から出土している。従来，日本海側の分布の南限は富山県までとされてきた。しかし，富山県浦山地蔵遺跡出土のものは土器片を利用したものであり[11]，三角形土偶の分布は，新潟県の信濃川流域までということになる。また，太平洋側ではこれまで福島県が南限とされてきたが，栃木県上欠遺跡から三角形土偶に類似した土製品が出土しており[12]，分布域はこれまでより南へ延びる可能性がある。

青森県では，10遺跡から約30個の三角形土偶が出土している。このうち，青森市内に三内沢部・近野など4遺跡が集中しており，三内沢部からはその半数以上にのぼる16個が出土している。所属時期は，三内沢部・近野[13]が中期後半（円筒上層ｅ〜中ノ平Ⅲ・大木8ｂ〜9），そのほか4遺跡が中期末から後期初頭，3遺跡が後期初頭とされている。中期に属する遺跡では必ず大木系の土器が出土し，後期では十腰内系の土器が伴うようである。近野では円筒上層ｅ式期の住居から放射状に刺突された例がみられる。

秋田県でも10遺跡から約70個の三角形土偶が出土している。このうち，秋田市四ツ小屋に下堤（Ａ・Ｇ）・坂ノ上（Ｅ）など5遺跡が集中する。各遺跡の中心時期は，下堤が中期（大木7ｂ〜8ｂ），下堤Ａ・坂ノ上Ｅが中期末（大木10），坂ノ上が中期末から後期初頭である。下堤ではフラスコ状土坑，下堤Ａでは竪穴住居とフラスコ状土坑，下堤Ｇ・坂ノ上Ｅでは竪穴住居から出土している。

また由良郡大内町才ノ神遺跡からは38個もの三角形土偶が出土している。とくに三角形の側辺に張り出しをもつ形態に特色があり，中期後半（大木8ｂ）に所属する。県北部の真壁地などは後期（十腰内Ⅰ）の遺跡である。

岩手県では馬淵川流域と北上川流域に各2遺跡，計4遺跡から27個の三角形土偶が出土している。このうち16個は荒谷Ａ遺跡で，無文のものが多い。荒谷Ａ・大地渡は中期後半（大木8ｂ〜9），五十瀬神社は中期末（大木10），駒板は中期末から後期初頭の遺跡である。大地渡では竪穴住

81

居埋土から出土している。

　山形県では最上川上流域に限られている。5遺跡，総計80個以上のうち，思い川遺跡から約40個，その近くから30個出土している。思い川は大木7bから8b期，牧野やそのほかは大木7b期，すべて中期の遺跡である。古いタイプの三角形土偶をもつ地域である。

　宮城県では北上川河口で2遺跡，蔵王周辺で2遺跡，計4遺跡から35個の三角形土偶が出土している。蔵王周辺の小梁川からは22個，いずれも中期前半（大木7a～7b）の遺跡で，土坑からの出土例もある。北上川河口の沼津貝塚に7個あり，後期の所産とされる。

　新潟県では信濃川流域を中心に18遺跡から約100個の三角形土偶が出土している。遺跡数・出土個数ともにもっとも多い地域である。馬高・岩野原・栃倉・沖ノ原などで各々10個以上がみられる。所属時期はおおよそ中期（大木8～9）と考えられる。人体を模したとわかる，もっとも土偶的なものの出土する地域であるが，山形・宮城のような古いものはない。

　福島県では阿武隈川流域の5遺跡にある。各遺跡の出土数は多くはなく，1～2個にすぎない。所属時期は中期（大木7b～8b）である。

3 形　態

　三角形土版の形態分類では成田英子の分類[14]がもっともまとまっている。しかし成田分類は三角形土版に三脚石器・三角形岩版・土器片利用のものも含めており，三角形土偶に限定して若干手直しした（図2参照）。

〈平面形〉

A．三角形の各辺が極端にえぐれ，全体としてY字形を成すもの（1～6）。
B．三角形の各辺が内湾するもの（7～13・15・23・24・26）。
C．三角形の各辺が直線に近いもの（14・16～19・22・25・27）。
D．三角形の側辺に張り出しをもつもの（20・21）。

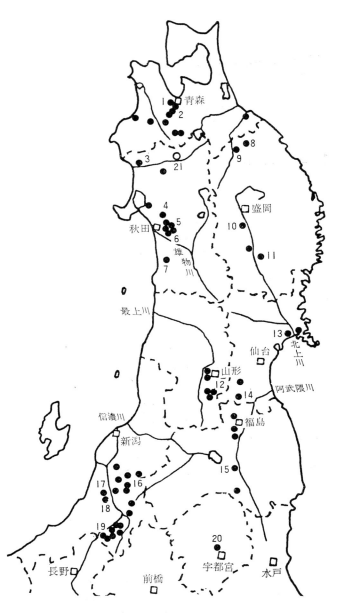

図1　三角形土偶分布図
1 三内沢部　2 近野　3 真壁地　4 上新城中学校　5 下堤G
6 坂ノ上　7 才の神　8 駒板　9 荒谷A　10 大地渡　11 五十瀬神社前　12 思い川　13 沼津貝塚　14 小梁川　15 山王館　16 栃倉　17 馬高　18 岩野原　19 沖ノ原　20 上欠　21 荻峠

〈断面形〉

Ⅰ．球面状に裏側へ内湾するもの（1～24）。
Ⅱ．直線に近いもの（25～27）。

　成田分類では平面形に「三角形の各辺がふくらみをもつもの」という類があったが，三角形土偶の場合直線に近いものとの差はわずかであり，C類に含めた。また実際にはB類とC類の中間的な

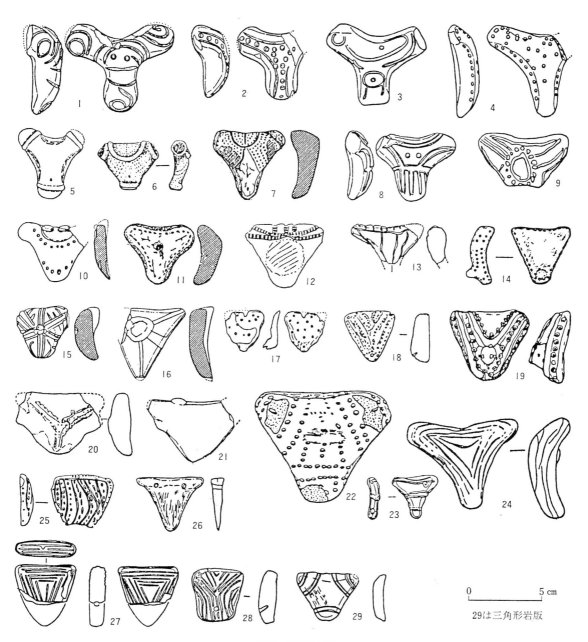

図2 三角形土偶
1・2宮城県小梁川 3・4・8山形県思い川(A) 5新潟県岩野原 6・14新潟県馬高 7・11新潟県栃倉 9青森県三内沢部 10・15・16新潟県沖ノ原 12福島県山王館 13岩手県荒谷A 17岩手県大地渡 18秋田県坂ノ上 19秋田県五十瀬神社前 20・21秋田県才の神 22宮城県沼津貝塚 23岩手県駒板 24秋田県真壁地 25青森県近野 26栃木県上欠 27秋田県上新城中学校 28秋田県下堤G 29秋田県荻峠

ものが多い。断面形は，三角形土偶の大半がⅠ類に分類される。
〈文　様〉
文様は，刺突・沈線・刺突と沈線で構成されている。個体差が大きいが，大枠としては以下のように分けられる。
① 左右対称に構成されるもの（1～3・5～8・10～14・18～20・22）。
② 放射状に構成されるもの（9・15・16）。
③ 刺突を充塡するもの（4・17）。

④　無文 (21・26)。
　⑤　抽象的な構成のもの (23〜25・27)。
　三角形土偶の文様構成は，左右対称のものが多く細部に変化があるが，②〜⑤もこれに含まれる。三角形土偶の文様を見る場合，構成のほかに人体的な要素に着目する必要がある。たとえば胸（乳房・襟刳）・腕（袖刳）・臍・女性性器・男性性器などの表現である。

4　まとめ

　三角形土偶は縄文中期から後期の時期に所属し，その発生は現在のところ大木7b期と考えられる。この早い時期の三角形土偶は山形県と宮城県の蔵王周辺で多く見られる。その次の段階では北から青森市周辺，秋田市周辺，信濃川流域などに遺跡が集中する。後期のものは青森県にもっとも多く，ほかに岩手・宮城・秋田県にみられる。
　古い形態としては1〜3のY字形のものが上げられる。次いで5〜14のような各辺が内湾し，人体的な文様要素の強いものが出現する。これと同時期あるいは少し新しい段階で15・16のような放射状の文様のものが現われる。後期になると23〜25などの抽象的な文様に移行する。
　なお，三角形岩版には29のように三角形土偶に酷似するものがあり，また晩期まで継続することから，材質が土版から岩版へと変化したといえる。晩期にみられる土版は従来三角形土偶と関係しないといわれてきたが，27のように24と比較して文様の酷似するものもあり，一概に関係を否定できない。このほか28のように形は三角形ではないが三角形土偶と同一用途のものと考えられるものもある。

註
1) 金子拓男「三角形土版・三角形岩版」『縄文文化の研究』9，雄山閣，1983
2) 小野美代子・江坂輝彌『土偶の知識』考古学シリーズ18，東京美術，1984
3) 八幡一郎「三脚石器」人類学雑誌，47—4，日本人類学会，1932
4) 近藤勘次郎・近藤篤三郎「越後馬高遺跡と滑車形耳飾」考古学，7—10，1936
5) 滝口　宏・西村正衛「越後関原縄文遺跡—教育学部社会科学考古学実習報告1—」『早稲田大学教育会研究叢書第3冊』早稲田大学教育学会，1951
6) 寺村光晴「所謂三角形球面状の土製品について」貝塚，64，貝塚研究会，1957
7) 江坂輝彌「三脚石器と三角形土製品」『土偶』校倉書房，1960
8) 成田英子「日本石器時代における土版・岩版の研究」遮光器，8，1972
9) 註1)に同じ
10) 小林達雄「縄文晩期における〈土版・岩版〉研究の前提」物質文化，10，物質文化研究会，1967 の範型論を基にした。
11) 橋本正春『富山県宇奈月町浦山地蔵遺跡』富山県教育委員会，1977
12) 海老原郁夫・初山孝行・岩淵一男「上欠遺跡」『栃木県埋蔵文化財発掘調査報告第69集』栃木県教育委員会，1985
13) 青森県教育委員会「近野遺跡」『青森県埋蔵文化財報告書第47集』1988
14) 註8)に同じ

(『耽奇漫録』第1集より)

上人ヶ平遺跡全景(東から)

京都府上人ヶ平遺跡
8世紀中頃の瓦工房跡が発見された

構 成／杉原和雄
写真提供／京都府埋蔵文化財調査研究センター

京都府相楽郡木津町大字市坂の上人ヶ平遺跡で発掘調査が行なわれ、弥生時代から古墳時代、さらに奈良時代に至る複合遺跡であることがわかった。とくに奈良時代の瓦工房跡は大規模な掘立柱建物群を伴っており、瓦生産の全工程を知ることができる。また平城宮へ瓦を供給した官営工場の具体相を明らかにする重要な遺跡といえる。

工房掘立柱建物A群(南から)

京都府上人ヶ平遺跡

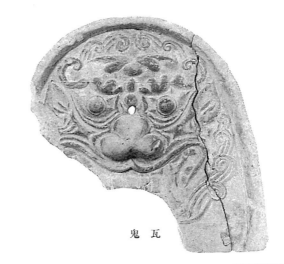

鬼瓦

軒瓦（6133・6732型式）

古墳周溝内の堆積瓦

工房の作業想像図

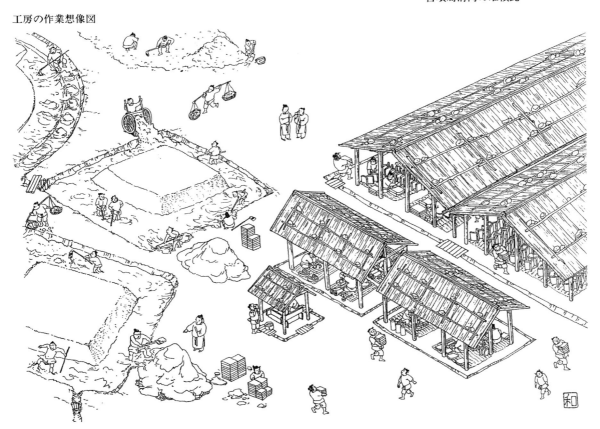

●最近の発掘から

官営の瓦工房跡———————京都府上人ケ平遺跡

杉 原 和 雄　京都府埋蔵文化財調査研究センター

　上人ケ平遺跡は，京都府相楽郡木津町大字市坂小字上人ケ平に所在する。当遺跡は，京都府と奈良県の境界に近く，平城山丘陵の北側に位置し，南西約 3 km に平城宮跡，北東約 6.5 km に恭仁宮跡がある。遺跡地は，標高 55 m 前後を測る台地状地形を呈し，平野部との比高差は約 15 m である。北西方向にのびる台地の先端部は，JR 奈良線が横断するものの約 25,000 m² に及ぶ台地上は，畑地・竹林として，さほど大きな開発を受けることなく今日に至っている。

　当遺跡が所在する山城の南部では，21 世紀に向けた新都市として府民の期待する「関西文化学術研究都市」の建設が進められている。上人ケ平遺跡の発掘調査は，その開発に伴う事前調査であり，住宅・都市整備公団から依頼を受けた（財）京都府埋蔵文化財調査研究センターが実施したものである。

　発掘調査は，1984 年から試掘調査を開始し，1988〜1989 年には遺跡の中心部約 13,000 m² にわたって全面調査を行ない，現在も継続中である。調査前には，台地上にある数基の古墳と隣接する谷に奈良時代の市坂瓦窯跡があることぐらいしか知られていなかった。しかし今日までの発掘調査成果によれば，弥生時代後期から古墳時代前期に至る住居跡，古墳時代中期後半から後期前半に築造された 19 基の古墳，府下で初出の埴輪窯跡，そして奈良時代の瓦工房跡の検出というように多岐に及ぶ遺構・遺物があり，重要な複合遺跡であることがわかってきている。いずれの時代をとりあげても好資料が蓄積されているが，とりわけ，埴輪窯と埴輪を有する小型方墳群は，古墳文化を考えるうえで今後，論議されるであろう。

　今回は，1989 年夏に至り，ほぼその全容が把握でき，新聞紙上でも大きく取りあげられた奈良時代の瓦工房跡について，その概要を報告することとしたい。

1　遺　構

　瓦工房に伴う主要な遺構は，掘立柱建物群である。これらの建物は，台地上のほぼ中央に整然と配され，市坂瓦窯が築かれている谷とはほぼ隣接する場所である。柱穴は，地表下約 30 cm で検出され，その建物跡は，規模や配置から，A，B，C の 3 群に分けることができる。

　A 群　最も規模の大きい建物群で，東西棟の 4 棟が南北に整然と並ぶ。4 棟とも，身舎は東西 9 間 × 南北 2

間，柱間は約 2.9 m を測り，南と北に庇がつく。庇の出は，2.80 m 前後である。柱の掘形は，方形状または円形を呈し身舎では長さ 60〜80 cm，庇では 40〜60 cm あり，推定の柱径は，前者が 20〜30 cm，後者が 15〜20 cm である。なお棟通りにも小さな柱穴跡があり，この柱穴の理解にはさまざまな意見が出されている。A 群では，北の 3 棟を囲むように，幅 20 cm，深さ 10 cm の溝が検出されている。奈良時代の瓦は，掘形や柱穴内からかなり出土している。このように建物 A 群は，両面庇をもつ大型の掘立柱建物であり，柱間も 10 尺の等間隔，南北に整然と並べられているなど，工房の中心的建物で，生瓦の乾燥や各種の作業が行なわれ，多数の人々が出入りしたのであろう。

　B 群　A 群の東側に，A 群と方向をそろえた東西 2 間 × 南北 3 間の建物 2 棟である。B 群の柱は，A 群に較べてかなり小さい。

　C 群　A 群の西側にある。東西 4 間 × 南北 2 間の建物 3 棟である。

　さらに，A〜C 群に関連する掘立柱建物跡として，B 群の北東 18 m の位置に，東西 3 間 × 南北 2 間の建物 1 棟がある。

　奈良時代の遺構としては，ほかに B 群に接して井戸や土壙がある。A 群の北東に両側溝をもつ道路跡が検出されている。また削平された古墳の周溝の底からは，奈良時代の多量の瓦が検出され，近接する周溝をつなぐ溝を奈良時代に設けていることも判明している。

　調査の担当者たちは，A 群を生瓦の乾燥場や作業場として使用したほか，管理施設でもあっただろうと考えている。B 群は井戸をもつので厨房，C 群は倉庫といったようにその機能を推定している。また古墳の周溝は水溜や粘土のこね場として利用されたとしている。いずれにせよ，これらの遺構は，瓦工房に関係する諸施設であったことは，疑う余地がなく，焼成は隣地の市坂瓦窯跡で行なわれたのであろう。

2　遺　物

　奈良時代に属する遺物としては，大量の瓦類のほか，塼，土師器，須恵器などがある。井戸から出土した「司」と墨書された須恵器は注目される。次に大量に出土した瓦のうち軒瓦について若干見ておきたい。

　上人ケ平遺跡出土の軒丸瓦には，単弁 12 葉蓮華文をもつものが 2 種あり，平城宮の型式分類では，6133 と

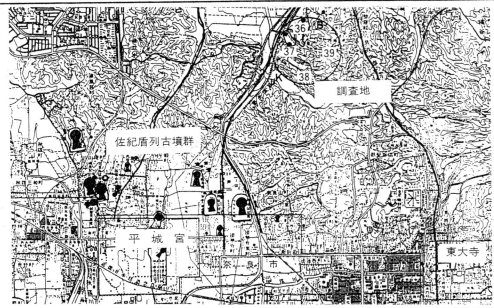

上人ケ平遺跡の位置（番号は調査上の遺跡番号）　37：上人ケ平遺跡　36：瓦谷遺跡　38：瀬後谷遺跡　39：幣羅坂古墳

6130型式に相当する。担当者の統計によれば，上人ケ平では，出土軒丸瓦の97％が6133型式である。軒平瓦は，均整唐草文で，平城宮の型式にあてはめれば，6732・6718・6725型式の3種が認められる。このうち6732型式は58％を占める。いっぽう隣接地にある市坂瓦窯は，発掘調査こそ実施されていないが，戦前から表面採集されている瓦を見ると，軒丸瓦には，6133・6130，軒平瓦には，6732・6725型式のものがあり，上人ケ平出土軒瓦の型式と一致している。平城宮では，軒丸瓦6133型式と軒平瓦6732型式とが組み合い，主として大膳職地域で出土する。その時期は，平城宮瓦Ⅲ期（745～757年）に比定されている。これらのことから市坂瓦窯跡は平城宮大膳職所用瓦窯，上人ケ平遺跡はその工房と推定してほぼ誤りがない。

3　おわりに

上人ケ平遺跡は，8世紀の中頃に営まれた瓦工房跡である。A群の整然と並ぶ大規模な掘立柱建物跡は壮観であり，従来の瓦屋に対するイメージを一変させるものである。しかも，未発掘ではあるが市坂瓦窯跡と上人ケ平遺跡を一体のものとして見るならば，点在する池が粘土採掘のひとつの跡地，周辺広場での土打ち，古墳の周溝を利用した粘土こね場，掘立柱建物での諸作業および乾燥，市坂瓦窯での焼成，製品の一時保管を行なう倉庫など瓦生産の全工程をこの2つの遺跡で見ることができる。「司」の墨書は役人の管理を想像させるものであり，製品の搬出先が平城宮であったことは，この地が，官営による一大瓦工場であったといえよう。またこの規模の大きさは，大量生産，短期間での集中生産をも意味するのであろう。745（天平17）年は聖武天皇が，恭仁，紫香楽，難波の各宮を経て平城宮へ還都した年である。還都後の造営や改修のために必要な瓦と上人ケ平での生産とは密接な関係があったと予測されるのである。

平城山丘陵一帯には数十基の窯跡が知られ，奈良県中山瓦窯，歌姫西瓦窯，京都府音如ケ谷瓦窯などでは発掘調査も行なわれ，窯体構造が判明しているものもある。しかし，それらの窯場は，製品が平城宮や京内諸寺院に供給されていることは一部知られても，瓦屋の規模や生産工程など工房と一体となる実態については今のところ不明といわざるを得ないのである。500万枚以上の瓦が使用されたといわれている平城宮とその所用瓦窯の関係は，今後の大きな課題であり，その意味で上人ケ平遺跡は，遺構の遺存状況も良好であり，平城宮へ瓦を供給した官営工場の具体相を明らかにする重要な遺跡であるといえよう。

木津町では，奈良時代の遺跡として，平城京の外港「泉津」に当る上津遺跡が著名であったが，上人ケ平遺跡は，瓦生産の遺跡としてさらに広く知られることであろう。また大字市坂の一帯は，1930年頃まで炮烙・土釜・小皿など土器づくりが盛んであったし，鹿背山周辺では，近世鹿背山焼，現在も古い製瓦法を伝える浦田製瓦店が操業している。これらの焼物の源流は，上人ケ平遺跡にみる5世紀後半の埴輪窯跡，8世紀中頃を中心とする市坂瓦窯跡とその工房にまで遡るのであろう。またそのことは，付近一帯に良質の粘土が存在していることに大きな要因が求められよう。

この概要作成にあたっては，現地調査を担当された小山雅人，石井清司，伊賀高広の各氏から多くの教示を得た。記して感謝したい。

連載講座
縄紋時代史
4. 縄紋文化の形成(1)
―自然史的背景―

北海道大学助教授
林　謙作

前回，縄紋人は中国南部あるいはそれよりも南の地域から日本に移住してきた人びとである可能性が高い，という推論を紹介した。更新世の末期から完新世の初期の，気候の温暖化にともなうさまざまな出来事が，縄紋文化が成立する大きな要因となっている，という考えは，考古学の研究者のあいだに広く受け入れられている。中国南部以南の地域に生活していた人びとが，生活圏をひろげ，日本列島に移住してきた，ということもまったく考えられぬことではない。このような考えの裏付けとなる考古学的な証拠があるかどうか，その点はあらためて吟味するとして，縄紋人の生活の舞台ができあがるようすを説明しよう。

1. 半島から列島へ

縄紋人の生活の舞台は，日本列島である。縄紋文化の成立する時期は，日本がアジア大陸の東の端に伸びる地峡または半島から，弧状の群島 archipelagoes に変化する時期とかさなっている。いまからおよそ 2.2～1.8 万年前ごろ，最終氷期のもっとも寒冷な時期からのち，気候はかなり短い期間に温暖になり，南北両極の氷冠や大陸氷河は縮小し，その結果海水準は上昇する。このようにして，日本とアジア大陸をへだてる間宮・宗谷・朝鮮・対馬の海峡が姿をあらわす。北海道と本州は津軽海峡でへだてられるが，本州・四国・九州をへだてる瀬戸内海・関門海峡が開くのはしばらくのちのことである。

いうまでもなく，地峡から列島へという変化の原因が，地球全体をおおう気候の周期的な変化にある以上，「日本列島」は晩氷期 Lateglacial あるいは後氷期 Postglacial[1] にはじめて姿をあらわしたわけではない。日本の沿岸部の，成田層・下末吉層・西八木層など中位段丘の土台となっている地層には，下層から上層にむかって，砂礫層→海成粘土層→砂層という層序が認められる。これとおなじ層序は，日本海沿岸の丹後半島や能登半島の同時代の地層にも認められるから，いまから 17～13 万年ほどまえの最終間氷期にも，「日本列島」が存在していた[2]。この時期の海面の上昇を「下末吉海進」とよんでいる。縄紋文化は，日本列島という閉ざされた環境のなかで，独自の発展をとげた文化だといわれている。しかし，ここに述べたような事情を考えにいれれば，縄紋文化だけの特徴だ，とはいえないだろう。日本の原始社会にも，アジア大陸から物理的に切り放され地域性がつよくあらわれる時期と，大陸との共通性がつよくなる時期が，入れかわり立ちかわりあらわれている可能性がある。

しかし，地理的な障壁のあるなしが，そのまま社会や文化のつながりの強弱を左右していると考えることもできない。さきに述べたように，最終氷期のもっとも気温の低下した時期の「日本回廊」の文化――ナイフ形石器をともなう文化は，アジア大陸の文化との共通性が強いだろう，と予想できる。理屈のうえでは，日本のどの地域にも，アジア大陸からつたわった文化が一様に分布していてもよいはずである。朝鮮・中国・シベリアの各地で，ナイフは見つかってはいても，ナイフを中心とする石器群は確認されていない。日本各地のナイフが，はっきりした地域性をしめしていることも確かである。地理的にはアジア大陸ともっとも強く結びついていたはずの時期の日本の文化は，きわめてつよい地域性をしめしている。これを裏がえせば，日本とアジア大陸の地理的なへだたりが大きい，というそれだけの理由で，縄

紋文化は孤立した環境のもとで独自な発展をとげた文化だ，と決めつけることはできないことになる。

さきに，最終氷期のもっとも寒冷な時期の日本のすがたを「半島または回廊」と表現した。この時期の海面が現在よりどれだけ低かったか，専門家のあいだでもまだ意見が一致していない[3]。海面がどれだけ下がったか，その見積りによって，アジアと日本が陸続きとなっていたかどうか，判断が分かれるからである。いずれにしても，その当時の日本海は，現在とはまったく違った状態にあった。

大場忠道は，日本海から採取したコア・サンプルの分析にもとづいて，日本海の環境に，
1. 海水中の塩分がいちじるしく少ない時期（6〜2.3万年前）[4]
2. 親潮が津軽海峡から流れこみ，対馬海峡から流れだしていた時期（2.3〜1.35万年前）
3. 対馬暖流が一時的に流れこむ時期（1.35〜1万年前）
4. 対馬暖流が本格的に流れこむ時期（1〜0.63万年前）

の四段階の変遷をたどれるという[5]。那須孝悌は対馬暖流の影響のない環境，とくに3〜2万年前のような条件のもとでは，日本海沿岸の降雪量はいちじるしく少なくなり，太平洋沿岸でも乾燥がいっそう強くなる，と指摘する[6]。そのような現在といちじるしく違った環境がしばらく続いたのち，はじめに親潮が，その後しばらくして対馬暖流が日本海に流れこむようになったことは，まず津軽海峡が，しばらくのちに対馬海峡が完全に開き，8000年前頃には現在に近い「日本列島」が姿をあらわしたことをしめしている。この時期の海面は，もっとも寒冷な時期とくらべると，すくなくとも60mは高くなっている。

阪口豊は，花粉分析の結果にもとづいて，1.3万年前からのち，尾瀬ヶ原をとりまく地域の降雪量が増えるという[7]。この現象は，日本海に親潮が流れこみはじめた時期・対馬暖流が一時的に流れこむ時期にあたり，大まかにみれば，日本列島の海洋性気候がこの頃に成立したことをしめしていると解釈することができるだろう。この時期にはマツ・トウヒ・モミを中心とする針葉樹の疎林は姿を消し，カンバ・ブナ・コナラを中心とする落葉広葉樹の森林が拡がっており，気候が大幅に

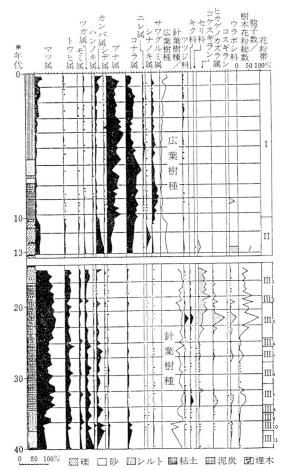

図1　尾瀬ヶ原の植生の変遷
（註7による。＊単位は ×10³y. B. P.）

緩和したことを物語っている（図1）。この時期は，気温の上昇が一時停滞した時期にあたっている。と同時に，縄紋草創期の前半期がこの時期にふくまれることも見逃すことはできない。

最終氷期のもっとも寒冷な時期（南関東の立川ローム期にふくまれる，22,000〜18,000 y. B. P. 前後）の植生は，縄紋時代よりのちのものとまったく違っていた。のちには関東地方から九州にわたる地域の平地や丘陵を覆うようになる暖温帯常緑広葉樹林（照葉樹林）は，九州南部から四国の太平洋沿岸，そして紀伊半島・伊豆半島・房総半島などの南端のかぎられた地域に押し込められていた。ブナ林に代表される冷温帯落葉広葉樹林が分布する地域には，グイマツを含む亜寒帯針葉樹林がひろがり，北海道の大部分の地域にはハイマツ群落または亜寒帯針葉樹林が分布していた[8]。

現在の植物分布を南にずらしただけで，このような植生帯ができあがるわけではない。那須孝悌は，ブナの分布する地域でも，降水量が少ないため，現在のような純林は形成されず，コナラ・シラカバ類などの落葉広葉樹，ヒメマツハダ・コメツガなどの針葉樹と入り混じって谷筋に分布するにとどまっていたと指摘している。日本海へ海流（とくに対馬暖流）が流れ込んでいなかったため冬に雪が降らず，寒帯気団の勢力が現在より強かったため，温帯性低気圧の発生する範囲がかぎられ，多くの地域では夏の降水量も少なかった[9]。氷期の日本の気候は，寒冷なだけではなく，現在よりひどく乾燥していた。更新世末期から完新世前半にかけての植生の変化は，つぎの「縄紋海進」のなかで説明する。

最終氷期の日本の動物相には，ナウマンゾウ・ヤベオオツノシカなどの温帯系の要素と，ヘラジカ・ヒグマなどの寒帯・亜寒帯系の要素がいり混じっている[10]。この時期の寒帯・亜寒帯系の動物群をマンモス動物群とよぶが，ナキウサギ・ユキウサギ・ヘラジカ・トナカイ・モウコノウマ・マンモス・ケサイなどの草食獣，ヒグマ・クズリ・オオヤマネコ・オオカミなどの混食獣・肉食獣を含んでいる[11]。中国の吉林省顧郷屯から出土した動物化石[12]は，マンモス動物群の一例として有名である。朝鮮半島でも典型的な化石群が報告されている[13]。日本では，純粋なマンモス動物群は見つかっていない。トナカイはサハリンどまりで北海道まで南下していない。マンモスは北海道でもかぎられた地域から，わずかな標本が報告されているにすぎない。津軽海峡・朝鮮海峡が開いており，マンモス動物群の移住が妨げられるか，あるいは制限されたせいかもしれない[14]。しかしこの考えかたでは，ヘラジカ・ヒグマなどマンモス動物群の一部のメンバーが本州中部にまで入り込んでいることの説明としては十分でないように思われる。

マンモス動物群のうちで，もっとも典型的な草原やツンドラの生活者（トナカイ・モウコノウマ・ケサイ・マンモス）が日本に入ってきていないか，分布がかぎられていることは，最終氷期の日本の環境が，ユーラシア・北アメリカなどの大陸地域とはかなり違っていたことを暗示しているのではなかろうか。とくにムレの中で生活するモウコノウマ・トナカイ・マンモスが本州では見あたらな

いことは注意する必要がある。これは最終氷期の日本の環境が，草原を住みかとする大形草食獣に適していなかったことを暗示しているのではなかろうか。おなじマンモス動物群のメンバーではあっても，ヘラジカはかなり広い範囲に分布していたらしいが，これは湿地の散在する森林に住む動物である。花泉から報告されている野牛は，草原性のものではなく，森林に適応したものである。現在の日本の動物群は，森林生活者を中心としている[15]。亀井節夫らは，この特徴は現在にかぎられるわけではなく，更新世にまでさかのぼるものと考えている[16]。このような環境のもとで，最終氷期の日本の住民は，狩猟をはじめとする森林のなかの資源を利用する技術の開発を，かなりの程度まで進めていた可能性がある。

ナウマンゾウやオオツノシカに代表される大形草食獣は更新世の末期から完新世の初期（17,000〜7,000 y.B.P.）にかけて絶滅したと考えられている[17]。シカ・イノシシを代表とする現在の日本の哺乳動物群は，この頃に姿をあらわすことになる[18]。草創期から早期にかけての動物遺体がまとまって出土している鳥浜貝塚・栃原岩陰・夏島貝塚などの動物遺体の検討がすすめば，このいきさつにも見通しがつくだろう。ここでは，最終氷期の日本の環境が，草原やツンドラを中心とする典型的なものではなく，森林がひろがっていたこと，そのような環境のなかで生活していた人びとは，森林のなかの資源を活用するすべを十分にこころえていた，ということを確認しておこう。

2. 縄 紋 海 進

1.4〜1.5万年前ころから海面の上昇が顕著になる。現在の海面より40〜60mほど低いうちに，ほぼ千年周期で，二回ほど海面の上昇が止まるか，わずかではあるが下がる時期がある[19]。そののち，1万年ほど前から海面は早いペースで高くなってゆき，縄紋前期中ごろ（6,000〜5,500 y.B.P.）には，現在の海面より高くなる[20]。これがいわゆる縄紋海進である。その後，海面はふたたび低くなりはじめ，縄紋後期から晩期のころの海面は現在よりやや低く，弥生文化のはじまるころに現在の高さに戻るといわれている[21]。

海面の変化は気候の変動と結びついている。縄紋海進の進行にともなって気候は温暖になり，気温が上昇するにしたがって雨量も増え，台地や丘

91

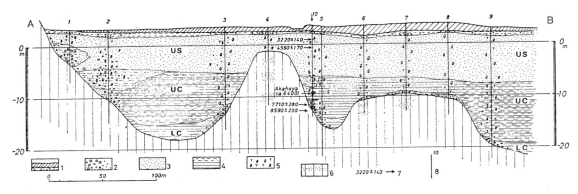

図2　先刈貝塚周辺の地質断面図（註23による）
1 表土　2 円礫・角礫　3 砂　4 シルト・泥　5 貝殻・腐植物　6 基盤　7 ^{14}C 年代
LC：下部泥層　UC：上部泥層　US：上部砂層

陵，山岳地帯の斜面は不安定になり，土石流や泥流がおきやすくなる。宮城豊彦らは，周囲を完全に斜面で囲まれた凹地（閉塞凹地）のなかの堆積物の分析にもとづいて，9,000 y. B. P.・6,000～2,500y. B. P.，1,000y. B. P. 以降のあわせて三つの時期に，斜面が不安定になっていたことを指摘している。縄紋海進の頂点にあたる時期には，とくに斜面の侵蝕が活発になる，という。宮城らは，この時期には，現在の西南日本とおなじように，夏にはあまり雨が降らず，その前後に集中豪雨がきていたと推定している[22]。

愛知県先刈貝塚の調査結果にもとづいて，縄紋海進がどのように進行したのか，具体的に説明してみよう。この貝塚は，名古屋市の南 60km，知多半島の南部，知多郡南知多町にあり，名古屋鉄道の新線建設工事の際に発見された[23]。現地は，更新世の河谷が水没した溺れ谷を，完新世の堆積物がうめてできあがった低地（内海谷とよぶ）である。現在の海岸線のあいだにみられる三列の砂堆（谷の奥から第一・第二・第三）は，かつての砂浜のなごりで，貝塚は第一砂堆と第二砂堆のあいだの低湿地の地下にある。

貝塚から出土した土器は，ほとんどすべて高山寺式（図3）で，貝層が短期間に堆積したことをしめしている。貝層にはハイガイがもっとも多く，マガキ・イタボガキ・ヤマトシジミ・アサリなどの二枚貝とスガイ・ウミニナなどの巻貝を含んでいる[24]。魚類はクロダイが多く，そのほかにマイワシとスズキがあるが，いずれも小形で量も多くはない。渡辺誠は，これらの魚類は，貝層のなかで圧倒的に多いハイガイとおなじような環境に住んでいることを指摘している[25]。哺乳類はシカ・

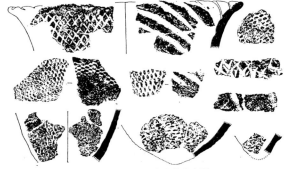

図3　先刈貝塚の高山寺式土器
（註23による。縮尺約 1/6）

イノシシ・イヌが出ている。貝塚にともなう食料として利用できる植物としてカヤ・オニグルミ・サルナシ・アカガシ類があるが，渡辺は縄紋早期にアカガシ類を利用することはできなかったと主張している。石器類では，石鏃の未製品と撥ねものが多く，剝片に礫面を残すものが多いことが注目をひく[26]。魚の骨が少なく，小形のものが多いこととともに，この遺跡が一時的なキャンプであることを暗示している。

内海谷を埋めている地層は，上から順に，上部砂層・上部泥層・下部泥層にわかれる[27]（図2）。上部泥層・上部砂層のなかの貝類・有孔虫の変遷によって，縄紋海進の進行と，その後の海面の低下・谷の埋め立ての過程をたどることができる。松島によれば，上部泥層下部・上部泥層上部・上部砂層に含まれる貝類は，ヒメカニモリ・ハイガイ・ウネナシトマヤガイをふくむA群集，シズクガイ・ヤカドツノガイ・イヨスダレ・ウラカガミなどを含むC群集，イボキサゴ・ハマグリ・シオフキを含むB群集の順にいれかわってゆく。この変化は，貝の住んでいた環境が，泥質の内湾の奥

の潮の差し引きする部分（潮間帯）から，溺れ谷の泥底のつねに海水にひたっている部分（潮下帯）へ，さらに砂浜の発達する内湾の潮間帯から潮下帯へと変わっていったこと，つまり入江の形成・拡大・消滅の過程を反映している。

北里洋による有孔虫の分析結果もこれと一致しており，A群集の時期の入江はきわめて浅く数mであったこと，塩分が少なかったこと，C群集の時期になって入江が20mほどの深さになり，塩分も増したこと，現在より水温が高かったこと，を指摘している[28]。

A群集の年代は，8,600〜7,000年前と推定されている。先刈貝塚は，この時期——縄紋海進の前半期に，海面下11〜9.5mの深さに埋もれている波蝕面のうえにあったのだろうと判断される。この波蝕面は，C群集が現われる，海面が急に高くなるときに水没したらしい。貝塚形成当時の海面は，現在の海面下12〜13mのところにあったと推定されているから[29]，およそ1,600年のあいだに，海面は2〜3m高くなったことになる。

C群集の年代は，7,000〜5,500年前，B群集の年代は，5,500〜3,000年前と推定されている。上部泥層の中ごろにアカホヤ火山灰[30]が堆積していること，上部砂層の放射性炭素年代などがその根拠となっているのだろう。C群集の時期は縄紋海進の最盛期にあたる。この時期にできた波蝕面は，現在海面下2mのところに埋もれている。B群集がこの入江に進出してきたのは，縄紋海進が終わったのちのことである。この頃には沿岸流の動きがつよくなり，湾口部には砂堆が，湾の奥には三角州ができはじめ，内海谷の埋め立てが急に進行しはじめる。

前田保夫の花粉分析の結果によれば[31]，海水準の変動と歩調をあわせるように，内海谷の周囲の植生も変化していた。先刈貝塚の残されたころの，つまり上部泥層下半部には，コナラ亜属の花粉が多量に含まれている。前田はこの時期の植生を，「ミズナラ・ブナ林の下部からモミ・ツガ林といわれる中間温帯林への移行林に近いもの」と推定しており，ケヤキ属(?)・エノキ属(?)がコナラ亜属とともにめだつ。草本花粉の多いのも，この時期の特徴である。アカガシ亜属の花粉も，少数ながら見られる。海面下11.0〜9.7mからの花粉は，中間温帯林（コナラ亜属はかなり減少するが，広葉樹ではもっとも多い，マツ属・モミ属をはじ

め，針葉樹の増加がめだつ），海面下8mからの資料では，アカガシ亜属の増加がめだち，照葉樹林としての特徴をしめす（針葉樹の比率にはほとんど変化がない）。照葉樹林の成立は，貝類のC群集の時期，つまり上部泥層の最上部にあたるらしい。

3. むすび

縄紋海進は，つぎのような理由で，縄紋文化がかたちづくられてゆく背景として無視できない。

1. 海面が上昇するにともなって，沿岸部に溺れ谷・浅海ができ，多様な水産資源を活用する条件を準備した。
2. 海面上昇の原因となっている気候の温暖化によって，植生帯の拡がりが変化し，植物性資源の利用も発展する条件が準備された。
3. このふたつの条件は，日本列島の住民の生業を多様なものとし，定着性をたかめる効果をもたらした。

これらのことがらは，すでに多くの人が指摘しており，別に目新しいことではない[32]。ただし，さきに指摘したように，日本の更新世の「非典型的」な環境は，縄紋海進を先取りするような条件が，すでに準備されていたことを暗示している。

竪穴住居の建造・活発な漁撈活動・植物性資源の高度な利用・多量の土器の製作と使用など，縄紋文化の特徴とされる要素は，縄紋海進の進行とともに列島全域にひろがり，定着してゆく。しかし，そのなかのいくつかの要素は，日本列島あるいはこれとおなじような条件のととのっていた地域では，更新世後期，おそくとも更新世末期にはすでに芽ばえていた，と考えるべきだろう。

註

1) 晩氷期はヨーロッパの更新世末期のいくつかの時間層序の単位 chronostratigraphic units をまとめた名称。ベリンク Böeling 亜間氷期から，新ドリアスⅡ期 Younger Dryas Ⅱ までをさす。後氷期もほぼおなじ時期をさしているが，厳密に定義された用語ではない。型にはまったイメージをうえつけ，日本の更新世後期のすがたを歪めるとして，「氷期」・「間氷期」・「後氷期」などの用語をもちいることに反対する意見もある。堀江正治「第8回国際第四紀研究連絡会議（INQUA)・完新世小委員会」（『第四紀研究』9：22，1970)，井関弘太郎「更新世・完新世の境界について」（『名古屋大学文学部研究論集・史学』29：205-20，1983)，中川久夫「最終氷期における日本の気候と地形」p. 208（『第四紀研究』20：207-208,

1981）

2）　那須孝悌「先土器時代の環境」pp. 73-76（加藤晋平編『岩波講座　日本考古学』2:51-109, 岩波書店, 1985），関東第四紀研究会「下末吉台地およびその周辺地域の地質学的諸問題」（『地球科学』24:151-66, 1970）

3）　かつては 100 m 前後が有力であったが，最近では 130 m 前後が有力になってきているようである。さまざまな見積りの論拠は，那須論文（前出）に文献を収録してあるので参照されたい。

4）　原論文では 2.3 万年前を境として二つの時期にわけているが，この区分は私の論旨にはあまりかかわりがないので，一つにまとめた。また「6,300年前以降から現在まで」という区分も省略した。

5）　大場忠道・堀部純男・北里　洋「日本海の 2 本のコアによる最終氷期以降の古環境解析」pp. 40-44（『考古学と自然科学』13:31-49, 1981），新井房夫・大場忠道・北里　洋・堀部純男・町田　洋「後期第四紀における日本海の古環境―テフロクロノロジー，有孔虫群集解析，酸素同位体法による―」pp. 220-25（『第四紀研究』20:209-30, 1981）

6）　那須・前出・pp. 88, 90

7）　Sakaguchi, Yutaka, "Climatic Variability during the Holocene Epoch in Japan and its Causes."*Bull. Dept. Geogr., Univ. of Tokyo.* 14, 1982, 阪口　豊「尾瀬ケ原の自然史―景観の秘密をさぐる」pp. 190-200（『中公新書』928, 中央公論社, 1989）

8）　亀井節夫・ウルム氷期以降の生物地理総研グループ「最終氷期における日本列島の動・植物相」pp. 196, 199, 201, Fig. 5（『第四紀研究』20:190-205, 1981）
　　　那須・前出・p. 90, Fig. 4

9）　那須・前出・pp. 84-86

10）　那須・前出・pp. 90-91

11）　亀井節夫「日本に象がいたころ」pp. 182-83（『岩波新書』645, 岩波書店, 1967）

12）　徳永重康・直良信夫「満州帝国吉林省顧郷屯第一回発掘物研究報告」『第一次満蒙学術調査研究団報告』2-1, 1934

13）　後藤　直「日本周辺の旧石器文化・朝鮮半島―朝鮮旧石器時代研究の現状」pp. 107-109（麻生優・加藤晋平・藤本　強編『日本の旧石器文化』4:91-180, 雄山閣, 1976）

14）　那須・前出・p. 91, pp. 92-93

15）　堀越増興・青木淳一・石川良輔・大場秀章・樋口広芳「日本の生物」p. 17, pp. 38-39（貝塚爽平・阪口　豊ほか編『日本の自然』6, 岩波書店, 1985）

16）　亀井節夫・樽野博幸・河村善也「日本列島の第四紀地史への哺乳動物相のもつ意義」p. 296, 300（『第四紀研究』26:293-303, 1988）

17）　亀井ほか・同上・p. 298

18）　太平洋沿岸の低地部には，比較的はやくから現在とにた動物群が現われていた可能性も指摘されている。河村善也・松橋義隆「静岡県引佐町谷下採石場第 5 地点の後期更新世裂罅堆積物とその哺乳動物相」pp. 100-01（『第四紀研究』28:95-102, 1989）

19）　このような出来事が二度あった，という点では研究者の意見は一致しているが，その年代，海進が停止したのか，それとも小規模な海退が起きたのか，となると意見はわかれる。

20）　海進のもっとも進んだときの海面は，5 m を超えないだろう，という点では大方の研究者の意見は一致しているが，海進の進みかたや海面がもっとも高くなった時期となると，根本的な意見の食い違いもある。前田保夫『縄紋の海と森・完新世前期の自然史』pp. 112-133, 蒼樹書房, 1980, 木庭元晴・小元久仁夫・高橋達郎「琉球列島，沖永良部島の完新世後期の高位海水準とその [14] C 年代」（『第四紀研』19:(317-20, 1980），大田陽子・米倉伸之「日本における段丘・低地研究の現状と問題点―日本第四紀地図の作成を通して」p. 215（『第四紀研究』26:211-16, 1988）

21）　Fujii, S. and Fuji, N. Postglacial sea level in the Japanese Islands. *Jour. Geosciences. Osaka City Univ.* 10:34-51, 1967

22）　宮城豊彦・日比野紘一郎・川村智子「仙台周辺の丘陵斜面の削剥過程と完新世の環境変化」pp. 150-53（『第四紀研究』18:143-54, 1979）

23）　井関弘太郎・渡辺　誠ほか「愛知県知多郡南知多町先刈貝塚」『南知多町文化財調査報告書』4, 1980

24）　松島義昭「動物遺体・貝類」p. 80, Tab. 10. 井関ほか前出・80-81

25）　渡辺　誠「動物遺体. 4 魚類」pp. 82-83, 井関ほか・前出・82-83

26）　奥川弘成「遺物. 2 石器」Fig. 32, 同上・72-76

27）　松島義章「ボーリング資料から明らかになった内海の沖積層」pp. 19-20, 同上・18-20

28）　松島義章「貝類群集から見た内湾の環境変遷」pp. 102-04, 同上・101-05, 松島義章・北里　洋「内海の環境変遷」同上・113-14

29）　北里　洋「有孔虫群集から見た内海の環境変遷」p. 111, 同上・106-112

30）　町田　洋・新井房夫「南九州鬼界カルデラから噴出した広域テフラ―アカホヤ火山灰」（『第四紀研究』17:143-163, 1978）

31）　前田保夫「植物遺体. 3 花粉分析」井関ほか・前出・88-90, 「下部泥炭層に見られる森林植生」同前・100

32）　たとえば，近藤義郎「縄紋文化成立の諸前提」（『日本考古学研究序説』47-75, 岩波書店, 1985）など

書評

大塚 初重・小林 三郎・
熊野 正也 編

日本古墳大辞典

東京堂出版
B5判 650頁
15,500円 1989年9月刊

　近年，日本の古墳や横穴あるいは，火葬墓などに対して，研究者はもとより，一般の人びとも深く関心を寄せる傾向がみられる。この原因には，藤ノ木古墳をはじめとして，この種の遺跡に関するニュースが活潑に報道されていることもあるとしても，むしろ，これらの資料そのものが日本の古代文化や古代史を考える上に重要な内容をもっており，しかも，その研究に，江戸時代から現在に至るまでの，ながく，かつ重厚な歴史のあったことによるものであろう。したがって，それだけ，古墳をはじめ，これらの関係遺跡の研究には至難なものがある。過去のながい研究の経過をも把握しなければならない。全国にわたって存する多くの遺跡を，自ら所在地をしらべ自らの足で実査し，自らの目で観察することも心がけなければならない。夥しい数に達する既刊の報告書をも自ら探求し，目を通さなければならない。既に失われていても，なお学術的な重要性をもつ古墳などにも注目しなければならない。ところが，これらのことを，いま多くの研究者にもとめようとしても，諸般の事情は，それを不可能にしている。せめて，これを補うために必要なことは，基礎的な仕事をまとめこれを提供し，たやすく，これらの一端に触れてもらうことである。すなわち，主要古墳・横穴などの地名表や，報告書類の一覧表や出土品などの分類表などの基礎的なものや，これらの内容をいち早く把握できるようなものの刊行である。

　かつて，私が，一個人の微力ながらも『日本古墳文化資料綜覧』（昭和31年）をまとめ，さらに続編としての地名表や文献目録を刊行し，また，杉山博久氏と共編で『日本横穴地名表』（昭和58年）をまとめたことも，このような意図があったためである。しかし，これらは，人間にたとえれば，いわば骨格のみに過ぎない。これに肉を着け血をみなぎらせることによって，はじめて，生彩を放って，より便利なものになることであろう。

　今回，大塚初重・小林三郎・熊野正也三氏の編纂による『日本古墳大辞典』の刊行は，まさに，このような姿を再現したものといってよい。かつて，昭和57年に，大塚・小林両氏によって，『古墳辞典』が刊行されたことがある。これは，第一部は遺跡編として，日本国内の主要古墳概要をのせ，第二部は，用語解説編として，古墳研究の基礎的な用語の解説をなしたものであった。当時，好評を博したものであったが，これから7年経過した今日，古墳等に対する研究者の関心も新たに高まり，研究もまた多彩になり，重要な古墳等の数もまた増加した。このような傾向にともない，新版ともいうべき，古墳辞典の刊行が要望されてきたのであったが，ここに，これに答え，新たに熊野氏を加えて執筆編集に当りさらに，118名の執筆者を加えて，古墳等の解説を中心とした本書が刊行されるに至ったことは，学界のため，欣快に堪えない。収録した古墳・横穴等は，2,800基に達しているが，さらに古墳群などで，文中に解説されたものをあわせると，4,000基にも達している。しかも，火葬墳墓や埴輪製作所跡などをも含めている。関係挿図も1,400余点に達した。ことに，各執筆者は，それぞれの地域にあって，執筆の古墳を直接調査したり，あるいは幾度か実査をへた人びとであるため，記述は正確であり，要をつくしている。それぞれの関連の報告書などの紹介も適切である。編集者も，厖大な数量に達するこの種のものの選択には，かなり苦心している。このことは，たとえば大塚古墳のようなものも，全国にわたって，55基紹介し，これらを，大塚古墳の中で一括していることでもわかる。

　ことに，用語において，かなり苦心していることがわかる。多くの執筆者によることとて，恐らく，その用語も，かなりまちまちであったろう。しかし，辞典である以上，不統一は許されない。横穴は横穴墓と統一しているが，周濠・周堀・環堀・周湟・周溝なども，周堀に統一している。その他，埴輪や出土品の名称などにも，統一の苦心があらわれている。もっとも，こまかくみるとき，若干の欠点も指摘される。たとえば，本書の中核ともいうべき古墳や横穴墓でも，もっと掲載して欲しかったと思う資料も若干あることに気付く。また折角，火葬墓関係の資料も含めていることは有難いが，これにも，重要な資料の見逃しもある。しかし，これらは，いわば重箱の隅をほじくるようなもので，全体の構成には影響していない。現在，古墳の研究も一つの曲り角に達しているように思われる。このような大事なときに，既往の資料の整理という仕事を達成し，学界に提供したことは，よろこばしい限りである。私はここに，このような大著を刊行した編集者と執筆者との労苦を多とし，敬意を表するものであり，この本が多くの人びとの座右にそえられ，研究に役立ち，研究を一層促進されることを願うものである。

（斎藤　忠）

書評

アジア民族造形文化研究所 編

アジアと土器の世界

雄山閣出版
四六判 252頁
2,200円 1989年9月刊

　土器は，土という最も素朴な素材から人類が創造した最高の道具で，先史時代から現代まで，約1万年も生活用具として，また宗教的儀器として生き続けてきた。

　本書はアジア各地の土器について考古学的に，かなり精細に土器論が展開されている。

　全編を通して言えることは，考古学の専門的知識を持たない，一般の読者にもわかるよう平易な文章で記述されているので，論旨が理解され，読みやすく配意されている。しかし，アジア各国の考古学入門書ではない。土器を考古学上の資料としてとらえるだけでなく，人間のくらしのなかで，土器をどのように位置づけるか，各地域を担当されている先生方が新しい視点で土器とその文化を追求されている。

　ごく簡単に要旨を紹介しておきたい。

　金子量重氏が土器の総論と本書の意図を述べている。

　日本の縄文土器については，草創期から晩期までの6期に大別され，各期の土器型式が細分される。関東地方を例にとれば，15以上の土器型式に細分され，全国では100を超える土器型式が設定されている。担当の鈴木公雄氏は従来の土器区分にとらわれず，草創期から前期まで，中期から晩期までの二大区分と考え，縄文文化の本質は後半期にあるという考え方を示している。また北アジアの狩猟文化圏に属することを推定され，縄文人の生活復元に言及され興味深い。

　日本の土師器を担当された岩崎卓也氏は，弥生土器から土師器への移行する過程で，器形，規格，製作技術の統一化，均等化に，大和王権の出現から古代国家の成立という，政治的動向の反映としてとらえているが，本編中異色の視点から土器をみており説得力がある。

　北アジアのシベリアでは，落葉針葉樹林帯は尖底土器，常緑針葉樹，落葉広葉樹林帯は平底土器が分布するが，加藤晋平氏は器形から文化の形態を追求している。また日本の縄文深鉢形土器と北アジアの土器との共通性から，狩猟文化の系列を示唆されている。

　朝鮮半島の土器について田村晃一氏が精細に考証されている。有文土器を出土する遺跡に，日本の縄文土器が混在し，周辺地域との関連を指摘されている。また日本の須恵器への過程となる陶質土器にも言及されている。

　中国では，陶磁器が有名で素焼の土器については知られていないが，量博満氏は，仰韶文化や北方諸文化に伴う平底土器と長江以南の河姆渡文化に盛行する丸底土器に分類し，前者が輪積・巻き上げ手法で製作し，後者は拍打法（叩き手法）によって作られるもので，この技術は南アジアまで伝播している。とくに技術面から文化を論じている。

　東南アジアについて今村啓爾氏は，中国から古い時期に伝わった叩き技法が，現在でも伝承され，しかも生活用具として土器が立派に生き続けている文化について注目されている。

　南アジアについて，小西正捷氏が，インドで数千年来，続いているカースト社会や浄・不浄の宗教的制約のなかで，土器の果たした役割と土器を通じてインド文化の本質について論及された文明評論である。

　西アジアの土器は増田精一氏が担当され，メソポタミア・イラン高原地方に盛行した華麗な彩文土器とムギ類農耕文化の関係，また乾燥地帯という風土のなかで土器の役割について言及されている。

　以上紹介したように，アジアといっても，地球の陸地の三分の一を占め，気候もシベリアの厳寒地から，東アジアの温暖地，南・東南アジアの熱帯，西アジアの乾燥地を含み，動植物生態系の違いも実に大きい。歴史的環境を概観しても，中国・インド・オリエントなど古代文明発祥の地であり，さらに，世界の宗教を代表する，キリスト教，仏教，イスラム教，ヒンズー教，ユダヤ教，道教などの宗教もアジアを起源として各地に伝播し発展している。この広大なアジアの人口は26億人，人類の半分以上といわれている。

　各地域に住む民族は，固有の文化と伝統に支えられた生活があり，決して統一された文化ではない。

　しかし，土器という人間生活に欠くことの出来ない共通の道具を通じてみれば，アジアの大小さまざまな文化が，相互に影響を及ぼしながら新しい文化を受容するが，伝統文化を失うことなく発展している様相を知ることができる。

　考古学に志す若い人や考古学に興味のある読者には，日本の古代文化がアジアの古代文化に占める位置づけを理解するのに好適の書である。

　最後に，本書は土器を媒体としたアジアの文明論であるというのが結論である。　　　（平野和男）

論文展望

（敬称略　五十音順　選定委員）

石野博信
岩崎卓也
坂詰秀一
永峯光一

上敷領　久

南関東における縄文時代中期の石器

東京考古　7号
p.75〜p.87

縄文時代の石器研究は，石器それ自体が比較的容易に機能を類推し得るように考えられて来たことから，“機能”“組成”についての分析・研究が主体的であったといえよう。とくに石匙の研究については，日本考古学の草創期の頃から様々な論考が提起されてきた。

本論で取り扱った大形石匙は，中部地方から南関東地方の縄文時代中期の遺跡から出土する石匙であり，この名称が示すように従来の“石匙”と称した一群に比較すると，大きさそれ自体が倍以上あり，製作技術は片面に自然面や第一次剝離面を残した一次剝片を利用し，著しく簡略された調整技術によって成形されている。

また検出される遺跡は比較的，規模の大きな，長期間に営まれたと考えられる集落から多く出土する例が多く，とくに墓壙と考えられる土壙から出土する石匙の中には刃部が極端に厚かったり，逆に薄いものもあり，実用に耐え得るかどうか疑問になる石匙もある。

このような特徴を持つ大形石匙は，小形で細部調整が全体に施された石匙とは異なり，剝片の中から，石匙に類似した剝片を選択して簡単な調整で成形する「形態類似剝片選択加工」であり，大形剝片石器の連続する大量生産の一環として打製石斧や大形不定形調整剝片類と一緒に製作されたものである。大形石匙を出土する遺跡は総じて中期に大形化し，後期にその規模が縮小して行く傾向にあり，それに比例して大形石匙の出

土量も増減している。つまり大形石匙は縄文時代中期の集落の拡大に伴う土掘り具であったり，草木の伐採といった一連の土地開墾のための用途が推測されよう。そして集落の縮小と共にそのような大形石匙の用途は減少し消滅していくのである。従来，石匙は個人の所有物的要素が強い石器と考えられてきたが，大形石匙は極めて集団との関り合いの強い道具と考えるのである。　　　　（上敷領　久）

蒲原　宏行

北部九州出土の畿内系二重口縁壺

古文化談叢　20集（中）
p.43〜p.75

畿内系二重口縁壺は「茶臼山式土器」とも称されてきたもので，従来その形態の持つ呪術性に関心が集中し，古墳祭式における意義や埴輪の起源との関わりをめぐって議論が展開されてきた。その結果この種の壺が埴輪祭祀以前の斉一的古墳祭祀の成立と拡大を象徴し，各地における前方後円墳の出現と深く関わることが明らかとなってきた。

ところがその型式変化の実際については未だ不明な点が多く，出現期古墳の編年対比はもとより，土器自体の「斉一性」の実体についてのより具体的な論議を妨げている。そこで本稿は北部九州におけるこの種の壺の型式変化を既存土器様式の中に位置付け，さらに本貫地と目される畿内との対比よりその伝播と変容の歴史的背景を予察するものである。

まず型式学的検討では胴部最大径のヒストグラムよりこの種の壺が大型・中型・小型の3つに類型細別できる事を示した（ただし北部九州において大型は少なく，未

定類型である）。次に各分類要素の組み合わせより底部形態と胴部形態が普遍的な変化要素であり，とくに後者は一貫した変化を示す事が考えられた。この事より中型においては下脹れ→肩張り→丸底化→長胴化の4段階の変化が想定された。また小型では中型同様の型式組列の他に下脹れ→扁球形の2段階のみの型式組列があり，後者は口縁部形態による細別が可能と推定された。

以上の考察は共伴土器の検討により実証され，4段階の変化はそれぞれ畿内の庄内3式から布留2・3式に対応する事が明らかとなった。庄内3式併行期のものはとくに河内のものに近く，河内主導型の交易活動によってもたらされた公算が高い。そして布留0式併行期における胴部形態の大きな変化こそ布留型甕や初期前方後円墳の拡散に象徴される大和を中心とした大きな政治的変革によるものではなかろうか。　（蒲原宏行）

小笠原　好彦

古墳時代の竪穴住居集落にみる単位集団の移動

国立歴史民俗博物館研究報告 22集
p.1〜p.27

古墳時代の集落では弥生時代と同じく，数棟の竪穴住居が単位集団を構成した。この単位集団は世帯共同体の性格をもつとみられるもので，多くの遺跡では建替えに伴って集落内で顕著な移動がみられる。これまでの発掘調査をみると，集落内で各単位集団が時期ごとにどのように移動したかを検討したものがほとんどみられない。そこで埼玉県五領遺跡，群馬県糸井宮前遺跡，千葉県夏見台遺跡など7遺跡をとりあげて，単位集団の移動のありかたを検討した。

古墳時代の単位集団は4ないし5棟から構成されたものが多く、一般に40〜50mの空間をもつ。移動の形態には単位集団を構成する相互の住居位置を変えずに動く住居位置連続型、住居数や大型住居の数、住居の大小関係など共通の構成要素をもって移動する住居構成連続型、L字形、半円形、円形など住居の配列形態を踏襲する配列形態連続型、配列に同方位をとる配列方位連続型のものなど連続性を見い出しうるものとそうでないものとがある。

さらに、移動距離からみると、同位置型、近距離型、遠距離型のものがあり、同位置型は少なく、近距離型が最も多い。このうち、同位置型、近距離型は宅地との関係が問題になる。古墳時代の堅穴住居集落では、単位集団に柵や溝の区画施設がともなわないので、宅地の存在は否定されてきた。しかし、近年は一定の住居区を占有し、建替えがそれぞれの住居区内で行なわれていることなどから、古墳時代に「家地」の萌芽を認める見解もある。家地の成立の検討には、単位集団の同位置型、近距離型の移動の分析が重要な課題となる。また、遠距離型の移動は、集落の再編成と深いかかわりをもつようである。　（小笠原好彦）

吉岡康暢
北東日本海域における中世陶磁の流通
国立歴史民俗博物館研究報告　19集
p.59〜p.166

村落・城館・墳墓・港湾などの諸遺跡における、中世陶磁の時期・器種・産地別構成の総合的な分析を介して、流通の画期設定と評価、陶磁器組成に示された分業構造の地域性を明らかにすることは、文献学では捕捉が至難な民需品の地域内部、ないし地域間広域流通の実態究明につらなる、中世考古学の基本課題といえる。本稿は、中世を通して固有の分業圏を

形成した北陸・東北日本海域における陶磁器流通をできうる限り定量化しつつ、消費層の階層性の視点から段階的に整理することを意図した。
序記
　一　中世諸窯の流通圏の確定
　二　城館および村落遺跡
　三　墳墓および経塚遺跡
　四　港湾遺跡と沈船遺跡
　五　陶磁器流通の諸段階と特質
さて、当地の陶磁器組成は、珠洲陶器が日本海全域に商圏を拡大する14世紀代と、その廃絶後、越前陶器の一円的流通を指標とする16世紀初葉頃に大画期を設定し、3段階6期に概括した。いま、その地域的特質を中世後期について摘記すると、(1)北加賀から北海道南部がほぼ珠洲陶器一色の大分業圏を形成し、太平洋域の常滑および常滑系陶器の分業圏に対峙した、(2)該期に国産陶器の消費層は村落下層民および、港湾・門前町での中国陶磁供膳器の普及率は瀬戸系陶器をはるかに凌駕し（一般村落では逆転）、青白磁梅瓶・褐釉四耳壺などの奢侈的高級品が有力国人級以上の城館主層の階級象徴とされた、(3)北陸西部は、12世紀後半と15世紀後半の再度、京都の"かわらけ文化圏"に編入された、などが挙げられる。(1)(2)は、沈船遺跡と中核港湾町の調査に示される太平洋域より整備された隔地間海運＝問丸商業の発達と、直接的な対明貿易の可能性を示唆し、(3)は中世前期以来の中国陶磁・瓦器類の主たる移入コースを暗示する。なお、中世の身分と階層、領主層の関与や流通経済原理とのかかわりについて、問題を深める必要がある。　（吉岡康暢）

寒川　旭
地震考古学の展望
考古学研究　36巻1号
p.95〜p.112

日本の歴史を考える上で「地震と人間のかかわり合い」は避けて

通れない重要な問題である。さらに、各地の遺跡でおびただしい量の地震の痕跡が発見されることが予想できるので、遺跡の地震跡を総合的に研究する新しい領域として「地震考古学」を提唱した。

現在、すでに、活断層跡・液状化跡・受動的な断層や亀裂・建造物の崩壊跡などの地震跡が次々に検出されている。本稿では、これらの研究例をのべるとともに、基本的な調査法について言及している。この中でもとくに多く見出されている液状化跡について、東大阪市の西鴻地遺跡を例にあげてくわしく述べている。この遺跡では、現在の地表面下3m前後に分布する砂層が液状化して上位の粘土層を引き裂いて上昇している。砂層内に残された構造より液状化に伴う砂・水の流動の様子がよく理解できる。上昇する砂（噴砂）は室町時代の地層を引き裂き江戸時代の地層に覆われているので、16〜17世紀頃に発生した大地震によるものと考えられる。

発掘現場の地震跡の他に地震考古学の重要な研究対象が2つあげられる。1つは、古墳の変形と地震の関係である。大阪平野東部に分布する古市古墳群中の誉田山古墳と白鳥神社古墳が築造後の断層活動によって切断されたのがその典型例である。他に、集落・街道の廃絶・移転と地震の関係である。江戸時代初期に東北・関東地方で続発した大地震で越後街道・塩原街道およびその宿場が移転している。琵琶湖などの湖底遺跡も、大地震による水没でかつての生活の場が湖底にとり残された好例である。

地震の原因となる活断層は同じような活動をくり返すので、過去の地震の発生時期や被害状況を知ることが地震の予知や被害予測につながる。また、多くの歴史上の謎が地震の概念によって合理的に説明されうる。さらに、瞬時に広範囲に刻まれる地震跡は考古学上の時代尺度にもなりうる。（寒川　旭）

●報告書・会誌新刊一覧●

編集部編

◆弁天貝塚Ⅲ　苫小牧市教育委員会刊　1989年3月　B5判　175頁

　石狩低湿地帯の南部の太平洋に面する，苫小牧市勇払に位置する幕末期から明治初頭のアイヌ貝塚の調査報告。検出された遺構は焼土跡3基である。人工遺物は総数1379点で，土製品・骨角製品・金属製品などが検出されている。とくに骨角製品はアイヌの生活品として典型的なもので，多量の鯉口を含む32種273点が出土している。陶磁器・ガラス分析・動物遺存体・花粉分析などの考察を収載する。

◆久世原館　いわき市教育委員会刊　1989年3月　B5判　172頁

　阿武隈山地湯ノ岳の支脈の一つで，新川の開析により形成された丘陵に位置する。検出された遺構は中世の城館跡が中心で，その他縄文から古墳・平安時代および近世・近代の遺構・遺物が確認されている。とくに平安時代の焼成遺構は金属片が出土しており，鋳物関係の遺構と想定される。中世城館跡として曲輪・堀・柱穴群・土坑群などが検出され，丘陵斜面の柱穴群については懸造風の建物が想定されている。遺物は土器・陶磁器が多数検出されている。

◆古墳時代研究Ⅲ　古墳時代研究会　1989年5月　B5判　91頁

　千葉県君津市の，東京湾に注ぐ小糸川北岸に位置する八重原古墳群中の第1・2号墳の報告。1号墳は径37mの円墳で木棺直葬の主体部から，三角板・横矧板併用鋲留と三角板鋲留の2領の短甲，鎌・斧形の鉄製模造品4点，鉄鏃49本などが出土。2号墳は径17mの円墳で木棺直葬の主体部から鉄鏃などが出土しており，ともに5世紀後半代の所産と考えられている。まとめとして短甲の型式変化と埼玉県稲荷山・千葉県稲荷台第1号墳からの有銘鉄剣を参酌し

て鉄鏃の編年が試みられている。

◆古井戸―縄文時代　埼玉県埋蔵文化財調査事業団刊　B5判　本文214頁　図版413頁

　埼玉県の北部児玉町に位置する縄文時代中期の遺跡で，住居跡154軒，土壙935基，集石土壙31基，屋外埋甕35基，屋外炉跡4基が検出されており，勝坂式末期から加曾利EⅣ式期の所産である。住居跡および土壙は外径約150m，内径約60mに環状に分布し，隣接する将監塚遺跡の環状集落と規模・存続期間とも極めて類似しており，縄文時代中期の集落構造解明の資料として重視されるものである。

◆三河国分寺跡　豊川市教育委員会刊　1989年3月　B5判　139頁

　愛知県豊橋平野の西部，豊川市八幡台地上に所在する，史跡三河国分寺跡の寺域および伽藍確認調査報告。金堂・講堂・塔・東西回廊などの主要伽藍と，寺域を画する築地跡が確認され，築地跡は内法で約180m（約600尺）であることが判明した。出土遺物としては，瓦・塼・土器類・金属製品などがあり，10世紀後半代に比定される灰釉陶器から同国分寺廃絶の時期が窺える。また，塔跡基壇外装材の樹種同定では，ヒノキ材の使用が確認されている。

◆広瀬地蔵山墓地跡　橿原考古学研究所刊　1989年1月　B5判　256頁

　滋賀県境に近い奈良県北部，笠置山地を流れる名張川東岸所在の経塚・墓地跡の調査報告。確認された遺構は，大別して経塚，埋葬施設・火葬所，石塔群，石造物集石遺構の順で変遷が窺われ，12世紀末から19世紀前葉に至る。中でも約430基の石塔群および石造物に関しては詳細に分類検討され，実測図・拓本も豊富に収載している。巻末には石材・木炭・中世火

葬人骨の分析考察を載せる。

◆紀要　第3号　根室市博物館開設準備室　1989年3月　B5判　82頁
根室における考古学的調査
　　　　　　　　……豊原熙司
千島列島出土のオホーツク式土器
　　　　　　　　……五十嵐国宏

◆歴史　第72輯　東北史学会　1989年4月　A5判　113頁
陸奥における奈良時代土師器の地域性……………仲田茂司

◆新潟考古学談話会会報　第3号　新潟考古学談話会　1989年5月　B5判　48頁
新潟県中越地方における縄文中期
　　後半の土器…………寺崎裕助
土器片円盤について……藤巻正信
北陸型土師器長甕の製作技法
　　　　　　　　……坂井秀弥
越後の古代集落の素描…川村浩司
柏崎市・田尻1号木炭窯
　　　　　　　　……品田高志

◆史峰　第14号　新進考古学同人会　1989年5月　B5判　72頁
大木2a式土器研究ノート
　　　　　　　……佐藤典邦
福島県における蛇体・獣面土器集成………………吉野高光
続縄文時代前半の年代推定について………………乾　芳宏
有角石斧小考…………大竹憲治
西相模におけるミニチュア土器について……………鈴木一男
水戸市台渡里廃寺覚書Ⅱ
　　　　　　　……瓦吹　堅

◆栃木県考古学会誌　第11集　栃木県考古学会　1989年5月　B5判　225頁
栃木県における縄文時代の低地遺跡………………上野修一
被籠土器考　……後藤信祐
栃木県市貝町下椎谷の古式土師器
　　　　　　　　……藤田典夫
栃木県における帆立貝形古墳
　　　　　　　　……秋元陽光
下野・箱式石棺考
　　………上野恵司・安永真一

古代東国における横穴墓葬法伝播
に関する一考察（前編）
　　　　　　　　………赤石澤亮
栃木県芳賀町芳志戸十三塚古墳の
検討………………………小森紀男
子持勾玉状異形勾玉をめぐって
　　　　　　　　………篠原裕一
古代下野の土器様相（Ⅰ）
　　　………梁木　誠・田熊清彦
国分寺町甲塚古墳調査報告
…秋元陽光・大橋泰夫・水沼良浩
下都賀郡国分寺町出土の須恵器に
ついて…………………仲山英樹
大前タタラ跡群について
　　　　　　　　………尾島忠信
根古谷遺跡の史跡公園化について
　　　　　　　　………定岡明義
考古遺物としての益子焼
　　　　　　　　………大川　清

◆**太平臺史窓**　第8号　史窓会
1989年5月　A5判　92頁
北関東前期旧石器の諸問題
　　　　　　　　………戸田正勝
横剝ぎ技法の諸類型（その三）
　　　　　　　　………平口哲夫

◆**茨城県立歴史館報**　第16号　茨
城県立歴史館　1989年3月　B
5判　126頁
常陸における古墳群について
　　　　　　　　………高根信和

◆**紀要**　第1号　土浦市立博物館
1989年3月　B5判　69頁
霞ケ浦沿岸における弥生時代土器
棺墓の一例…………………塩谷　修

◆**埼玉考古**　第25号　埼玉考古学
会　1989年3月　B5判　99頁
縄文前期中葉における大形菱形文
系土器群の成立と展開
　　　　　　　　………金子直行

◆**土曜考古**　第14号　土曜考古研
究会　1989年5月　B5判　137頁
北関東西部における弥生前半の有
文甕型土器…………徳山寿樹
旧石器時代住居と遺跡分布に就い
て（上）…………………栗島義明
相模型坏の成立過程……大屋道則
緑泥片岩を運んだ道……田中広明

◆**研究報告**　第19集　国立歴民
俗博物館　1989年3月　B5判
444頁
北東日本海域における中世陶磁の
流通……………………吉岡康暢

西日本における瓦器生産の展開
　　　　　　　　………菅原正明

◆**研究報告**　第20集　国立歴史民
俗博物館　1989年3月　B5判
485頁
国府の周郭と方格地割について
　　　　　　　　………木下　良
西海道国府遺跡の考古学的調査
　　　　　　　　………小田富士雄
城柵と国府・郡家の関連
　　　　　　　　………阿部義平

◆**研究報告**　第21集　国立歴史民
俗博物館　1989年3月　B5判
366頁
叉状研歯…………………春成秀爾
九州の甕棺…………藤尾慎一郎
微細剝片の3次元分布と属性分析
　…木村有紀・西本豊弘・小谷凱宣
金属組織観察による古代鉄器の研
究………………高塚秀治・田口　勇

◆**研究報告**　第22集　国立歴史民
俗博物館　1989年3月　B5判
344頁
古墳時代の竪穴住居集落にみる単
位集団の移動………小笠原好彦
畿内の古代集落…………広瀬和雄
律令期集落の復元………阿部義平
古代集落と墨書土器
　…平川　南・天野　努・黒田正典

◆**史館**　第21号　弘文社　1989年
5月　A5判　128頁
考古学における家族論の方向
　　　　　　　　………大村　直
竪穴住居の解体と引越し
　　　　　　　　………今泉　潔
ストーン・ボイリングと出現期の
土器……………………堀越正行
上総須恵器考……………田所　真
房総における中世的土器様相の成
立過程……………………笹生　衛
穿孔土器論素描…………山岸良二
夏井廃寺の瓦の運搬経路
　　　　　　　　………大竹憲治

◆**下総考古**　11　下総考古学研究
会　1989年5月　B5判　76頁
松戸市通源寺遺跡採集の中期縄文
土器の位置付け
　　…湯浅喜代治・大村　裕
縦横貝塚への接近的理解のための
千葉県松戸市中峠貝塚遺蹟第
10次調査地点第2貝ブロック
の調査覚書………………鈴木正博

◆**物質文化**　52　物質文化研究会
1989年6月　B5判　78頁
撚糸文系土器終末期の諸問題（Ⅲ）
　　　　　　　　………原田昌幸
縄文時代の剝片石器制作技術
　　　　　　　　………上敷領久
床面出土遺物の検討（Ⅰ）
　　　　　　　　………桐生直彦
江戸における近世灰釉徳利の釦書
について……………小林謙一

◆**東京考古**　7　東京考古談話会
1989年5月　B5判　176頁
樋状剝離を有する尖頭器の技術と
形態…………………伊藤　健
加曾利B様式土器の変遷と年代
（下）…………………安孫子昭二
南関東における縄文時代中期の石
器…………………………上敷領久
南関東の「独鈷石」……山岸良二
いわゆる"比企型坏"の再検討
　　　　　　　　………水口由起子
武蔵国分寺文字瓦塼に押捺された
陽刻印の製作技法と作者につい
て………………………北島信一

◆**牟邪志**　第2集　武蔵考古学研
究会　1989年5月　B5判　90
頁
伊豆諸島出土動物遺存体の概観
　　　　　　　　………井上雅孝
画文帯神獣鏡の研究（前）
　　　　　　　　………時雨　彰

◆**神奈川考古**　第25号　神奈川考
古同人会　1989年5月　B5判
264頁
日本先土器時代研究のパースペク
ティブ…………………大井晴男
相模野台地における槍先形尖頭器
石器群…………………鈴木次郎
縄文土器の型式学的研究と編年
　　　　　　　　………戸田哲也
黒曜石の流通について…桝淵規彰
南関東地方における縄文時代後期
の遺跡分布…………長岡史起
縄文時代終末期の集落…山本暉久
高棺座について…………上田　薫
関東地方における中世瓦の一様相
　　　　　　　　………小林康幸

◆**長野県考古学会誌**　58　長野県
考古学会　1989年5月　B5判
36頁
縄文時代前期初頭の打製石錘
　　　　　　　　………小池　孝

長門町平沢遺跡出土の尖底土器二例………児玉卓文
上水内郡信濃町字上ノ原・大道下採集資料について
…伊藤慎二・小倉和重・贄田　明
伊那谷南部における在地生産須恵器の実態…………遮那藤麻呂
◆信濃　第41巻第4号　信濃史学会　1989年4月　A5判 97頁
縄文時代早期終末における絡条体圧痕文土器の一様相…小熊博史
長野県塩尻市北原遺跡第1号住居址出土土器から派生する問題
…………寺内隆夫
千曲川水系における後期弥生式土器の変遷…………千野　浩
群馬県吾妻郡地域における古墳時代後期小古墳の分布について
…………鹿田雄二
中世掘立柱建物址の検討
…………百瀬新治
中世遺跡での消費生活復元へ向けて…………市川隆之
◆信濃　第41巻第5号　1989年5月　A5判 85頁
樋状剥離を有する石器の再認識
…………堤　　隆
◆歴史と構造　第17号　南山大学大学院文化人類学教室　1989年3月　B5判 87頁
能田旭古墳出土の笠形木製品
…………森　嵩史
◆福井県考古学会会誌　第7号
福井県考古学会　1989年5月　B5判 155頁
越前の組合式石棺について
…………青木豊昭
「樹枝文痕」からみた東アジアの中の中世日本………萩原繁春
近世中〜後期越前における赤瓦の生産…………久保智康
福井県丹生郡清水町笹谷乗泉寺遺跡の陶器について…田中照久
曾我兄弟と虎の墓塔について
…………山本昭治
◆古代文化　第41巻第4号　古代学協会　1989年4月　B5判 62頁
東アジアの石製農具……甲元真之
縄文時代中期前葉段階の土器片錘にみる生業活動………小林謙一
北朝時代の武士陶俑…長谷川道隆

北周李賢夫妻とその銀製水瓶について………B.I.マルシャーク
穴沢咊光
◆古代文化　第41巻第5号　1989年5月　B5判 62頁
平安時代における緑釉陶器の編年的研究…………前川　要
遺跡形成論と遺物の移動
…佐藤宏之・工藤敏久
◆古代文化　第41巻第6号　1989年6月　B5判 60頁
擦文時代の紡錘車について
…………中田裕香
『抉入打製石包丁』の使用痕分析
…………御堂島正
宇部台地における旧石器時代遺跡（10）…山口県旧石器文化研究会
森脇遺跡の縄文時代晩期貯蔵穴
…………田中秀和
◆古代学研究　119　古代学研究会　1989年6月　B5判 44頁
近江弥生社会の動態……杉本源造
◆郵政考古紀要　XIV　大阪・郵政考古学会　1989年4月　A4判 86頁
豊後国分寺跡出土の墨書土師器
…………小田富士雄
難波宮の軒瓦についての覚書
…………八木久栄
中世「まじない世界」に鬼を読む
…………水野正好
家形埴輪の文様………小笠原好彦
近畿地方の初期水田址…森岡秀人
刳船に関する形式形態の諸問題
…………辻尾栄一
◆神戸古代史　No.8　神戸古代学史研究会　1989年4月　A5判 82頁
加古川市南大塚古墳の前方部竪穴石室と出土の三角縁神獣鏡について…………北山　惇
原始・古代の飯蛸壺縄漁の検討
…………真野　修
◆考古学研究　第36巻第1号　考古学研究会　1989年6月　A5判 138頁
大阪・イイダコ壺………西口陽一
小古墳による奈良盆地の政治史的研究（下）…………吉村　健
8・9世紀における出羽北半須恵器の特質…………小松正夫
地震考古学の展望……寒川　旭

6・7世紀の須恵器の編年と製作技法…………白石耕治
◆古代吉備　第11集　古代吉備研究会　1989年4月　B5判 110頁
井島Ⅰ型ナイフ形石器に関するノート…………絹川一徳
中和村別所遺跡群採集の縄文土器について
…植月壮介・今井　堯・河本　清
邑久町通山に所在する方形墳について………岡嶋隆司・草原孝典
波歌山古墳採集資料と牛窓半島の古墳…………根木　修
津山市天神原1号墳
………行田裕美・保田義治
新見市金屋所在の一古墳から出土した双竜環頭大刀と伴出遺物
…岡田　博・三宅博士
岡山県大原町築出し古墳の小形石棺…………平井　勝
赤坂町井の奥古墳の刳抜式石棺
…………高田恭一郎
和気氏氏寺の予察的小考
…………出宮徳尚
古代土器生産についての一予察(1)
…………武田恭彰
笠岡市白石島採集の遺物
…………網本善光
◆古文化談叢　第20集（中）　九州古文化研究会　1989年5月　B5判 108頁
九州の割竹形木棺………吉留秀敏
北部九州出土の畿内系二重口縁壺
…………蒲原宏行
中国　鉄素環頭大刀の把の構造
…………置田雅昭
河内鹿谷寺址出土の遺物
…………竹谷俊夫
桜井市上之宮遺跡出土の瓦質土器
…………清水真一
北陸地方の横穴式石室
…………伊与部倫夫
「馬」字等を陰刻した陶馬
…………亀井正道
終末期無文土器に関する研究
…………鄭澄元・申敬澈
中島辰也 訳
漢江下流域における百済横穴式石室…………尹　煥
新羅連結把手付骨壺の変遷
…………宮川禎一

■考古学界ニュース■

編集部編

────九州地方

縄文早期の石偶？ 縄文時代早期の大規模な集石遺構が発見された熊本県菊池郡大津町の瀬田裏遺跡（大津町教育委員会調査）で，石偶とみられる文様入りの石器や異形局部磨製石器などが発見された。石偶とみられるのは長さ約5cm，幅約3cmで，人間の体を単純化したような三角形をしており，2点のうち1点には片面に水玉様の黒い文様がついている。異形局部磨製石器は長さ約12cm，幅5cmで，先端が丸く，武器というより石偶の形をしており，いずれも祭祀用に用いられたとみられている。

砂でつくった古墳 大分市角子原にある大在古墳は全国的にも珍しい砂を多重層に積み上げた形式の古墳であることがわかった。同古墳は中期の埴輪破片がみつかったことから大分県教育委員会が本格的な調査を行なったもので，直径約35m，高さ約4.5mの円墳。砂は黒ボク（阿蘇の火山灰）の混じった黒い砂と，浜の砂とみられる白い砂，さらに鬼界カルデラの噴出物であるアカホヤ火山灰混じりの黄色い砂の3種類を単独，あるいは混ぜ合わせて10～数十cmの厚さで版築状に積み上げている。3種の砂はそれぞれ性質が異なって崩れるのを防いでおり，地盤が軟弱なため土より軽い砂で沈下を避けたと考えられる。まれに砂丘地に砂でつくった古墳はあるが，これだけの高さのものは全国的にも珍しい。また，埴輪は円筒，朝顔形のほかに，衣蓋や盾などの器財形埴輪も出土している。

鴻臚館の南門跡 福岡市中央区の平和台野球場周辺で，福岡市教育委員会による鴻臚館跡の発掘調査が進められているが，先ごろ施設の正門である南門の跡が確認された。南門の基壇は東西21.4m，南北12.4mと推定され，文献に「門楼」とあることから重層の壮麗な建物だった可能性がある。南門の位置が確定したことで，鴻臚館の規模は東西95m，南北150m以上と推定され，大宰府政庁よりは一回り小さいと思われる。鴻臚館跡調査研究指導委員会（平野邦雄委員長）では，建物の配置について南門のほかに中門があってそれぞれ回廊がつながるという意見と，中門はなく東西脇殿の一部が回廊につながるという2つの意見がある。なお，南門および回廊の周辺からは多数の陶磁器や新羅焼・イスラム陶器の破片などがみつかったほか，銅鏃1点も出土した。

比恵遺跡から多量の木製品 福岡市教育委員会が発掘を行なっている福岡市博多区博多駅南3丁目の比恵遺跡で弥生時代前期後半の剣形木製品や漆塗り脚台付杯など多くの木製品が発見された。剣形木製品は長さ39cm，最大幅4.5cmで，朝鮮製細形銅剣を模したもの。これまで弥生時代中期以降のものは出土しているが，今回のものはそれより1世紀近く古く，これまで弥生時代前期末とみられていた朝鮮製細形銅剣の日本への流入がさらに数十年古くなるとみられている。脚台付杯は直径8cmで脚台の一部。復元高は約50cmとみられ，黒漆の上に赤漆でイチョウの葉に似た文様が描かれていた。このほかギザギザ模様の入った混棒形木製品（長さ約80cm）や鍬・鋤などの農具，高杯など約50点の木製品が出土した。

────中国地方

平安期の呪符木簡 防府市教育委員会が発掘調査を行なった周防国衙跡で雨乞いなどの呪儀に使われた平安時代の呪符木簡が発見された。現場は警固町2丁目の周防国府跡の南限で，「舟所・浜ノ宮西方官衙」の南側に当たる場所。木簡は縦15cm，横3cm，厚さ5mmで，表に「天定□□□十一」，裏には「□鬾急々如律令」と墨書されており，周辺から牛の頭骨やシカの骨，石帯，斎串，刀形などが出土していることから，国府内にあった祭祀場の遺跡とみられている。

前期の大規模な古墳群 倉吉市教育委員会が発掘調査を進めている倉吉市小田の小田向山古墳群で前期の大規模な古墳群が発見された。同古墳群ではこれまでに古墳42基，古墓12基，住居跡14軒などが確認されている。標高52mの最も高い地点を中心に広がっており，最古とみられる19号墳は一辺28mの方墳で，円墳（竪穴式石室）の21号墳は直径30mあり，この時期のものとしては大きなもの。出土した主なものには22号墳（円墳）の周溝から鈴台付埦，13号墳と14号墳（いずれも方墳）から青銅製の小型鏡2面とガラス玉，ヒスイ製管玉，鉄製の小刀などがみつかった。

集落跡から銅鐸 岡山県古代吉備文化財センターが発掘調査を進めている岡山市高塚の高塚遺跡で弥生時代の集落跡から銅鐸1個が発見された。高さ58cm，裾部分の長径は27cmで，現場は高塚遺跡のほぼ中央に当たる。75cm×40cm，深さ40cmの穴の中から鰭を真上にした完全な形で出土，銅鐸の下の土は固定するために粘質土が5～10cmの厚さで敷かれていた。この銅鐸は最も新しい時代の突線鈕式鐸で，流水文，鋸歯文が描かれており，岡山県下では現存する例としては最も大きい。発掘中に出土したのは珍しくまた穴の中の土の状態がよくわか

ることで貴重なもの。

────────四国地方

中世の建物跡など 松山市道後公園の道後動物園跡で愛媛県埋蔵文化財センターによる湯築城跡の一部の発掘調査が行なわれ、中世の建物跡や大量の瓦器などが発見された。みつかったのは幅約12m、深さ約2.5mの内堀と外堀に囲まれた部分で礎石建物6棟、井戸跡7基のほか、道路跡、土塀、溝など3期にわたる遺構が検出された。また遺物としては墨書土器、瓦器、美濃焼、備前焼の大甕・壺・擂鉢や中国の陶磁器、硯、石臼、中国の銅銭など約20,000点が出土した。

────────近畿地方

5世紀後半の住居跡 マンション建設に伴って大阪市教育委員会と大阪市文化財協会が進めていた大阪市平野区長吉長原3丁目の長原遺跡の発掘調査が終了し、同遺跡で最も古い5世紀後半の住居跡が確認された。みつかったのは床張の掘立柱式建物跡2棟と高床式倉庫跡、竪穴住居跡3軒などで、出土した土器などから5世紀後半と推定された。同遺跡一帯からは4世紀から6世紀にかけての小型方墳約200基が発見されており、この古墳群の造営に関係した人々の住居とみられている。

慶長伏見大地震の噴砂跡 京都府埋蔵文化財調査研究センターが発掘調査を行なっていた八幡市八幡焼木の洛南浄化センター内にある木津川河床遺跡で、古墳時代の住居跡や土壙のほか、16世紀末の慶長伏見大地震によるとみられる大規模な噴砂跡が発見された。昭和57年から続けられた調査の結果、同遺跡から弥生時代後期から古墳時代初頭の土器や24軒の竪穴住居跡などが発見されたが、今回新たに8軒の竪穴住居跡や庄内式土器のほか土壙や中世の水田・畑に伴う溝が検出された。これらの遺構・遺物とは別に注目されたのが地震の際に生じる大規模な噴砂跡で、0.1～0.3mmの幅で古代・中世の地層を引き裂いており、中には長さ30m、幅1mに達する大きなものもある。大粒の砂礫までを含むこの噴砂は文献や他の例からみて伏見城の天守閣が倒壊し、近畿・中四国地方に大きな被害をもたらした慶長元年(1596)9月の伏見大地震によって生じたものとみられている。

白鳳寺院の瓦窯跡 瓦積み基壇を持つ白鳳寺院として知られる滋賀県蒲生郡蒲生町宮井の宮井廃寺の瓦を焼いたとみられる同町宮川の辻岡山瓦窯跡が滋賀大学教育学部歴史学研究室(小笠原好彦教授)によって調査され、新たな瓦窯跡3基が確認された。現場は宮井廃寺から西南400mの辻岡山西側の傾斜地で、昭和62年に発見された無段式登窯(1号窯)から南へ15m離れた所。今回見つかった3基のうち2号窯は8世紀初めの典型的な有段式登窯。全長8m、幅2.2mで窯内から多量の平瓦、丸瓦のほか、宮井廃寺出土のものと同型式の指当圧痕重弧文軒平瓦や須恵器数点がみつかった。3号窯は8世紀前半のもので、宮井廃寺と同型式の偏行唐草文軒平瓦40点が出土、南端の4号窯は天井の一部が確認されただけで詳しい調査は本年の調査に持ち越された。この瓦窯跡では最初に土器用の無段式窯で瓦を生産、その後、瓦用の有段式窯を築造したとみられる。また1号窯、2号窯ともに瓦生産の間に須恵器も焼いており、地方豪族が建てた白鳳寺院の瓦の供給過程がわかる貴重な例として注目されている。

発掘調査

────────中部地方

古墳時代の倉庫跡31棟 金沢市上荒屋6丁目の上荒屋遺跡で金沢市教育委員会による発掘調査が行なわれ、古墳時代前期の集落跡が発見された。竪穴住居跡11棟、平地式建物跡12棟、掘立柱建物跡61棟の計84棟で、とくに掘立柱建物のうち倉庫とみられるものが31棟も確認された。倉庫は大(5×6m)、中(4×5m)、小(3×4m)の3種類にわけられ、例外として5m×9mのものもあり、溝を伴うものと伴わないものがある。このように多くの倉庫がみつかったことから金沢南部における政治的集落の1つだったとみられている。上荒屋遺跡の南東約800mには全長27mの前方後方墳を中心とする御経塚シンデン古墳群(野々市町)が存在し、時期的に併行関係にある。このほか、弥生時代中期、平安時代の建物跡(2間×5間)がみつかり、土器、木器、石器が多数出土した。「庄」の墨書土器から荘園の可能性が高く、近接する東大寺領横江荘遺跡(松任市)との関連があるかないか今後の課題である(平成2年度発掘予定)。

弥生後期の水田跡 山梨県埋蔵文化財センターが発掘調査を進めていた東八代郡八代町の身洗沢遺跡から弥生時代後期の水田跡の一部が発見された。水田跡は甲府盆地南東部の浅川・天川扇状地の扇端部に形成された微高地間の小さな谷を利用した谷水田。水田面は数回の洪水砂におおわれており、前後3回の水田利用が確認された。1号水田面では、22～23cmほどの人間の足跡が発見された。1号水田下に存在する2号～5号水田では弥生時代後期の土器片とともに四本歯の又鍬、組合せ式鍬の柄、剣形木製品、農具の未製品

103

■考古学界ニュース■

などが出土している。畦畔はほぼ谷に沿って南北方向にのびるが，水田の形や面積は，調査面積が狭く不明。水田利用された谷部からはクルミやクリの殻，モモの種が多量に出土しており，当時の人々の食生活を知る上でも興味深い。

────関東地方

古墳・平安の水田跡　群馬県埋蔵文化財調査事業団が発掘を行なっていた沼田市下川田町の下川田平井・五反田遺跡で平安時代（11世紀）の水田跡 90 面とさらにその下から古墳時代の水田跡 220 面が発見された。2 層の年代は浅間山の降下火山灰（12 世紀）と榛名山二ツ岳の降下軽石（6 世紀）から判明したもの。水田は平安時代のものが平均 20 m²，古墳時代が 10 m² と狭く，高台から川近くまで棚田が密集していた。また平安水田からは耕作に使われたと思われる牛の足跡も発見された。竪穴住居跡は水田跡より 24 m 高い高台で30軒検出された。うち弥生時代16軒，古墳時代 2 軒，平安時代12軒。とくに弥生時代の住居跡はいずれも後期樽式のもので，このうち 5 軒が焼失している。規模も 8.5×6.5 m と広い。出土品には土器・石器・勾玉などがあり，平安時代の住居跡からは鉄製紡錘車や刀子などもみつかった。

全長 20 m の帆立貝式古墳
先に荘園の政所跡が発見された群馬県利根郡月夜野町政所の沢口遺跡で 6 世紀後半の帆立貝式古墳が発見された。古墳は政所跡から東へ約 300 m，政所跡よりは一段高い位置にあり，全長 20 m。後円部は直径14mで周囲を堀が巡っている。中央の主体部は長さ5m，幅 1 m の横穴式石室で，ヒスイ製の管玉 1 点と丸玉 5 点，ガラスのビーズ玉約60点が出土，堀からは人物埴輪の一部もみつかった。また

古墳のすぐ下と政所跡近くの 2 カ所から 5 世紀の方形周溝墓も発見された。利根沼田地区で同型式の古墳がみつかったのは初めて。

────東北地方

15 層の水田跡　仙台市教育委員会が発掘調査を進めていた仙台市太白区長町南 1 丁目の富沢遺跡で弥生時代から江戸時代までの水田跡が 15 層重なって発見された。現場は富沢遺跡の北東端に当たるビル建設予定地。上から江戸時代 2，鎌倉〜室町時代 2，平安時代 6，古墳時代 1，弥生時代 4 の計 15 時期の水田跡が土壌分析などから確認された。とくに平安時代の第10層からは令制の浸透を物語る条里制の遺構である東西南北にのびる太い畔，古墳時代の 14 層からは一辺の長さ 1〜4.5 m の小区画の水田跡 160 区画が発見された。各時代ごとの水田の特徴を知る上で重要な発見となった。

大型石刃の製作場　国道 281 号線から南へ 150 m ほど入った川井川と遠別川の合流地点にある岩手県九戸郡山形村沼袋の早坂平遺跡で東京大学考古学研究室助手，安斎正人氏を中心とする遺跡調査団によって発掘調査が行なわれ，後期旧石器時代の頁岩製大型石刃 15 点をはじめ多くの石器類が発掘された。同遺跡ではさる昭和53年に農道改良工事で石刃や石核約 60 点が出土していたため，今回本格的な調査が行なわれた。大型石刃は最大のものでは全長 27 cm あり，幅は 4〜5 cm とそろっている。これだけまとまって出土したのは初めてで，また平らな盤状の石から連続して石刃を取り出す独自の技法が用いられていたこともわかった。そのほか，多数の石核・搔器・彫器・ハンマーストーンが各 1 点出土した。さらに上層から尖頭器 6 点，縄文時代早期の

層から土器片約100点が出土した。

縄文早期の大型住居跡　縄文時代早期から奈良・平安時代に至る複合遺跡である青森県上北郡下田町の中野平遺跡で青森県埋蔵文化財調査センターによる発掘調査が行なわれ，縄文時代早期中葉の大型住居跡が発見された。この住居跡は 11.5 m×4.8 m で隅丸の長方形。尖底土器や磨石などが伴出した。早期中葉の大型住居跡は全国でも初めての発見で，定住性がなかったといわれる当時の住居としては画期的なもの。同遺跡では縄文時代早期の住居跡が11軒，奈良・平安時代の竪穴住居跡が54軒みつかったほか，直径 3 m 前後の古墳 3 基も発見されている。

合掌する土偶　八戸市是川の風張遺跡で八戸市教育委員会による発掘調査が行なわれ，縄文時代中期の住居跡 2 軒，同後期中葉から後葉の住居跡 42 軒，弥生時代の住居跡 1 軒が発見されたが，後期後葉の竪穴住居跡の一番奥まった床面近くから合掌した形の土偶が発見された。顔は丸顔，高さ約 20 cm の立膝で，腕を膝の上にのせ，手を合わせた女性像。足は破損したものをアスファルトで補修してあった。拝んだ形の土偶は青森県石神遺跡から出土しているだけで，しかも住居跡からの出土は非常に注目される。そのほか遺物として注口土器，人面付土器を含む多くの土器のほか，土偶約30点，鐸形土製品，スタンプ状土製品，耳飾，石刀，石棒などがあり，近くの是川遺跡以前の文化を考える上に貴重な資料を提供した。

────学界・その他

国史跡の新指定　文化財保護審議会（斎藤正 会長）は11月17日，新しく 6 件を史跡に指定するよう石橋文部大臣に答申した。これで国指定の史跡は1290件になる。

発掘調査・学界・その他

○黒井峯遺跡（群馬県子持村）榛名山の噴火で埋没した古墳時代後期の集落跡。
○小杉丸山遺跡（富山県小杉町・大門町）飛鳥時代後期の瓦・須恵器の窯や工人住居の館。
○六呂瀬山古墳群（福井県丸岡町）4～5世紀の福井広野の首長墓とみられる古墳群。
○夏身廃寺跡（三重県名張市）7～8世紀の寺院跡。
○平安宮豊楽殿跡（京都市）天皇の宴などが開かれた豊楽殿の跡。
○岡山藩主池田家墓所，津田永忠墓（岡山県岡山市，吉永町，和気町）池田家代々の墓。

日本考古学協会1989年度大会
10月7日～9日，富山大学において開催された。今大会のテーマは「物と人・車と西―北陸から―」で，3つのシンポジウムが中心となった。また最終日にはじょうべのま遺跡，浜山玉作遺跡，不動堂遺跡などの見学会も行なわれた。

＜旧石器時代の石斧（斧形石器）をめぐって＞
司会：西井龍儀・小野　昭
平口哲夫：「石斧」用語論
麻柄一志：後期旧石器時代の斧形石器について
砂田佳弘：関東地方の石斧
梶原　洋：シベリア・極東の旧石器

＜縄文時代の木の文化＞
司会：小林達雄・小島俊彰
伊藤隆三・山森伸正：富山県小矢部市桜町遺跡（舟岡地区）の調査
佐々木洋治：山形県高畠町押出遺跡
橋本富夫：埼玉県桶川市後谷遺跡の調査
種市幸生：忍路土場遺跡出土の建材について
加藤三千雄：北陸における縄文晩期の木柱列
南　久和：縄文時代晩期の木器と石器―金沢市新保本町チカモリ遺跡―
山本正敏：北陸における縄文時代の磨製石斧
山田昌久：木製遺物からみた縄文時代の集落と暮らし

＜北陸の古代手工業生産＞
司会：橋本澄夫・宇野隆夫
宇野隆夫：北陸古代手工業生産研究の目的と方法
池野正男：北陸における古代須恵器生産
宇野隆夫：北陸における古代塩生産
関　清：北陸における古代鉄生産
宇野隆夫：北陸古代手工業生産の展開とその意義

なお，第56回総会は5月に東京都文京区本郷の東京大学で開かれる予定。

「土偶とその情報」研究会　平成元年度科学研究費による「縄文時代土偶を例とした考古学学術データベースとその支援システムの開発」の試験研究としての「土偶とその情報」研究会が11月24，25日の両日，福島県柳津町役場会議室を会場に行なわれた。

瓦吹　堅：山形土偶
鈴木克彦：遮光器土偶
植木　弘：土偶の大きさ
谷口康浩：土偶の壊し方・壊れ方
山本典幸：遺跡の中の土偶
八重樫純樹：台帳の集計と今後の課題

さらに25日には柳津町教育委員会主催による「柳津縄文フォーラム'89」も開催され，公開講演会と縄文なべパーティーが行なわれた。講演は次の通り。

小林達雄：縄文文化との対話
西本豊弘：縄文人と動物

「藤ノ木古墳とその時代」展
すでに東京展，福岡展が終了し，現在福山展が広島県立歴史博物館において開催中である（2月4日まで）。同展は奈良県斑鳩町藤ノ木古墳の遺物と当時の素材や技法を生かした復元品，さらに日本各地の6世紀古墳からの出土品を展示するもので，ハイビジョン映像を組み合わせた新しい形式のもの。主な展示品には藤ノ木古墳出土金銅製冠，筒形金銅製品，履，金環など出土品に加えて石棺，金銅製冠，大帯，布製品などの復元品，割塚古墳出土画像鏡，牧野古墳出土馬具・須恵器，綿貫観音山古墳出土大刀・飾金具，金鈴塚古墳出土ガラス丸玉・馬具，沖ノ島祭祀遺跡出土飾金具・杏葉，関行丸古墳出土鏡・玉類など。同展は2月27日～4月5日に川崎市市民ミュージアム，5月13日～6月10日に大阪市立博物館でも開催。

「タイムトラベル1990―九州横断道発掘成果展」　佐賀県立博物館（佐賀市城内）において1月20日より2月25日まで開かれている（月曜日休館）。同展は昭和52年以来12年間にわたって行なわれた九州横断自動車道建設に伴う埋蔵文化財発掘調査の成果を総括し，あわせて関連資料の展示により全国的視野からその歴史的位置付けを図ろうとするもの。主な展示物は大阪・郡家今城出土石器，大久保三本松出土器，菜畑出土磨製石器・炭化米，吉野ヶ里出土有柄銅剣・管玉，宮山出土特殊器台，下石動出土子持勾玉，肥前国府出土瓦・緑釉陶器，内野山窯跡出土陶器など約2,000点。

105

▆第31号予告▆

特集　濠をめぐらす弥生のムラ

1990年 4 月 25 日発売
総112頁　　1,860円

弥生時代と環濠集落‥‥‥‥‥‥‥‥原口正三
環濠集落の規模と構造
　濠のある集落とない集落‥‥‥‥石黒立人
　環濠集落と環濠の規模‥‥‥‥禰宜田佳男
　環濠集落の構造‥‥‥‥‥‥‥‥中間研志
　環濠集落と墓の位置‥‥‥‥‥‥柿沼修平
　濠をめぐらす高地性集落‥‥‥‥渡辺一雄
吉野ヶ里と唐古・鍵
　吉野ヶ里ムラの変遷‥‥‥‥‥‥高島忠平
　唐古・鍵ムラの変遷‥‥‥‥‥‥藤田三郎

環濠集落の地域性
　九州地方の環濠集落‥‥‥‥‥‥山崎純男
　近畿地方の環濠集落‥‥‥‥‥‥赤木克視
　東海地方の環濠集落‥‥‥‥‥‥宮腰健司
　関東地方の環濠集落‥‥‥‥‥‥松本　完

＜連載講座＞　縄紋時代史　5‥‥‥林　謙作
＜調査報告＞　＜書　　評＞
＜論文展望＞　＜報告書・会誌新刊一覧＞
＜考古学界ニュース＞

編集室より

◆縄文時代の呪物・護符の代表とみられてきた土偶はその呪術・信仰の象徴としてほんとうに何を物語るのであろうか。それらの数々の土偶の背後に一体、どのような縄文人の精神構造が隠されているのだろうか。この物に託し、その生命の救済を願う行為は、形を変えてはいるが、今日まで連綿とつづき、人間のある一面の本質を現わしているものとして、多面的に研究されている。つまり宗教学や民俗学、文化人類学などとの接点を担っている世界ということができ、日本における精神生活の祖型のひとつとして、今日、土偶の研究は多面的な注目をあびるにちがいない。　　（芳賀）

◆平成2年新春号には久し振りに単独の遺物による特集を企画した。とくに70近くもあるという型式のうちの代表例を解説していただき、土偶事典的な部分も取り入れた。

一体に土偶にはこわされるための土偶があって、同一遺跡内だけでなく、別々の遺跡に破片が分配された可能性もあるという。こうした分配がどの程度の範囲にまで行なわれたものか、縄文時代の交流を考えるうえで大変興味深い問題であるが、こうした点は出土土偶のすべてをコンピューター入力することによって展望がひらけよう。　（宮島）

本号の編集協力者――小林達雄（國學院大學教授）
1937年新潟県生まれ、圀學院大學大學院博士課程修了。『日本原始美術大系1―縄文土器』『縄文土器』（日本の美術 145）『縄文土器I』（日本の原始美術I）『縄文文化の研究』「原始集落」（日本考古学4）などの著書・編集・論文がある。

▆本号の表紙▆

縄文土偶群像（東日本の後期・晩期）

土偶は、縄文人の頭の中に棲みついた精霊であり、姿をみせずに神秘的な力を発揮した。これを縄文人が粘土でかたち作ることを思い立ったのは、早期中頃である。考えあぐねた末に、単純な三角形、あるいはバイオリン形に仕上げたが、顔はおろか、手足をつけたものかどうかの判断にもとまどうものであった。やがて70型式にものぼるさまざまな土偶が生みだされたのは、土偶のモデルを目で確かめることが出来なかったせいである。こうした土偶の群像にこそ縄文人のイメージがあるのである。

（小林達雄）

▶本誌直接購読のご案内◀

『季刊考古学』は一般書店の店頭で販売しております。なるべくお近くの書店で予約購読なさることをおすすめしますが、とくに手に入りにくいときには当社へ直接お申し込み下さい。その場合、1年分の代金（4冊、送料は当社負担）を郵便振替（東京3-1685）または現金書留にて、住所、氏名および『季刊考古学』第何号より第何号までと明記の上当社営業部までご送金下さい。

季刊 考古学　第30号
ARCHAEOLOGY　QUARTERLY

1990年2月1日発行

定価 1,860 円
（本体1,806円）

編集人　芳賀章内
発行人　長坂一雄
印刷所　新日本印刷株式会社
発行所　雄山閣出版株式会社
　〒102　東京都千代田区富士見 2-6-9
　電話 03-262-3231　振替 東京3-1685

◆本誌記事の無断転載は固くおことわりします
　ISBN4-639-00939-9　printed in Japan

季刊 考古学 オンデマンド版　第 30 号　1990 年 2 月 1 日　初版発行
ARCHAEOROGY　QUARTERLY　2018 年 6 月 10 日　オンデマンド版発行

定価（本体 2,400 円 + 税）

編集人	芳賀章内
発行人	宮田哲男
印刷所	石川特殊特急製本株式会社
発行所	株式会社　雄山閣　http://www.yuzankaku.co.jp
	〒 102-0071　東京都千代田区富士見 2-6-9
	電話 03-3262-3231　FAX 03-3262-6938　振替　00130-5-1685

◆本誌記事の無断転載は固くおことわりします　　ISBN 978-4-639-13030-7　Printed in Japan

初期バックナンバー、待望の復刻 !!

季刊 考古学 OD　創刊号～第 50 号〈第一期〉

全 50 冊セット定価（本体 120,000 円＋税）　セット ISBN：978-4-639-10532-9

各巻分売可　各巻定価（本体 2,400 円＋税）

号　数	刊行年	特　集　名	編　者	ISBN（978-4-639-）
創 刊 号	1982 年 10 月	縄文人は何を食べたか	渡辺 誠	13001-7
第 2 号	1983 年 1 月	神々と仏を考古学する	坂詰 秀一	13002-4
第 3 号	1983 年 4 月	古墳の謎を解剖する	大塚 初重	13003-1
第 4 号	1983 年 7 月	日本旧石器人の生活と技術	加藤 晋平	13004-8
第 5 号	1983 年 10 月	装身の考古学	町田 章・春成秀爾	13005-5
第 6 号	1984 年 1 月	邪馬台国を考古学する	西谷 正	13006-2
第 7 号	1984 年 4 月	縄文人のムラとくらし	林 謙作	13007-9
第 8 号	1984 年 7 月	古代日本の鉄を科学する	佐々木 稔	13008-6
第 9 号	1984 年 10 月	墳墓の形態とその思想	坂詰 秀一	13009-3
第 10 号	1985 年 1 月	古墳の編年を総括する	石野 博信	13010-9
第 11 号	1985 年 4 月	動物の骨が語る世界	金子 浩昌	13011-6
第 12 号	1985 年 7 月	縄文時代のものと文化の交流	戸沢 充則	13012-3
第 13 号	1985 年 10 月	江戸時代を掘る	加藤 晋平・古泉 弘	13013-0
第 14 号	1986 年 1 月	弥生人は何を食べたか	甲元 真之	13014-7
第 15 号	1986 年 4 月	日本海をめぐる環境と考古学	安田 喜憲	13015-4
第 16 号	1986 年 7 月	古墳時代の社会と変革	岩崎 卓也	13016-1
第 17 号	1986 年 10 月	縄文土器の編年	小林 達雄	13017-8
第 18 号	1987 年 1 月	考古学と出土文字	坂詰 秀一	13018-5
第 19 号	1987 年 4 月	弥生土器は語る	工楽 善通	13019-2
第 20 号	1987 年 7 月	埴輪をめぐる古墳社会	水野 正好	13020-8
第 21 号	1987 年 10 月	縄文文化の地域性	林 謙作	13021-5
第 22 号	1988 年 1 月	古代の都城―飛鳥から平安京まで	町田 章	13022-2
第 23 号	1988 年 4 月	縄文と弥生を比較する	乙益 重隆	13023-9
第 24 号	1988 年 7 月	土器からよむ古墳社会	中村 浩・望月幹夫	13024-6
第 25 号	1988 年 10 月	縄文・弥生の漁撈文化	渡辺 誠	13025-3
第 26 号	1989 年 1 月	戦国考古学のイメージ	坂詰 秀一	13026-0
第 27 号	1989 年 4 月	青銅器と弥生社会	西谷 正	13027-7
第 28 号	1989 年 7 月	古墳には何が副葬されたか	泉森 皎	13028-4
第 29 号	1989 年 10 月	旧石器時代の東アジアと日本	加藤 晋平	13029-1
第 30 号	1990 年 1 月	縄文土偶の世界	小林 達雄	13030-7
第 31 号	1990 年 4 月	環濠集落とクニのおこり	原口 正三	13031-4
第 32 号	1990 年 7 月	古代の住居―縄文から古墳へ	宮本 長二郎・工楽 善通	13032-1
第 33 号	1990 年 10 月	古墳時代の日本と中国・朝鮮	岩崎 卓也・中山 清隆	13033-8
第 34 号	1991 年 1 月	古代仏教の考古学	坂詰 秀一・森 郁夫	13034-5
第 35 号	1991 年 4 月	石器と人類の歴史	戸沢 充則	13035-2
第 36 号	1991 年 7 月	古代の豪族居館	小笠原 好彦・阿部 義平	13036-9
第 37 号	1991 年 10 月	稲作農耕と弥生文化	工楽 善通	13037-6
第 38 号	1992 年 1 月	アジアのなかの縄文文化	西谷 正・木村 幾多郎	13038-3
第 39 号	1992 年 4 月	中世を考古学する	坂詰 秀一	13039-0
第 40 号	1992 年 7 月	古墳の形の謎を解く	石野 博信	13040-6
第 41 号	1992 年 10 月	貝塚が語る縄文文化	岡村 道雄	13041-3
第 42 号	1993 年 1 月	須恵器の編年とその時代	中村 浩	13042-0
第 43 号	1993 年 4 月	鏡の語る古代史	高倉 洋彰・車崎 正彦	13043-7
第 44 号	1993 年 7 月	縄文時代の家と集落	小林 達雄	13044-4
第 45 号	1993 年 10 月	横穴式石室の世界	河上 邦彦	13045-1
第 46 号	1994 年 1 月	古代の道と考古学	木下 良・坂詰 秀一	13046-8
第 47 号	1994 年 4 月	先史時代の木工文化	工楽 善通・黒崎 直	13047-5
第 48 号	1994 年 7 月	縄文社会と土器	小林 達雄	13048-2
第 49 号	1994 年 10 月	平安京跡発掘	江谷 寛・坂詰 秀一	13049-9
第 50 号	1995 年 1 月	縄文時代の新展開	渡辺 誠	13050-5

※ 「季刊 考古学 OD」は初版を底本とし、広告頁のみを除いてその他は原本そのままに復刻しております。初版との内容の差違は
　ございません。

「季刊 考古学　OD」は全国の一般書店にて販売しております。なるべくお近くの書店でご注文なさることをおすすめしますが、とくに手に入り
にくいときには当社へ直接お申込みください。